株式報酬をめぐるトラブルの予防・解決の実務

Q&A

Stock Option
ストック・オプション
Restricted Stock
リストリクテッド・ストック
Performance Share
パフォーマンス・シェア

岩崎総合法律事務所
弁護士 **岩崎 隼人** 著

日本法令®

はしがき

上場企業やスタートアップ企業をはじめ多くの会社において、自社の役職員等のインセンティブ確保のため、現金に代わるまたはそれに上乗せする報酬として、株式やストック・オプションなどを付与する例が増えています。

一例として、米アップル社の例をご紹介しましょう。1997年、当時経営危機にあった同社に復帰し、その後CEOを務めたスティーブ・ジョブズ氏の金銭報酬が、2011年に亡くなるまでのほとんどの期間、わずか１ドルであったというのは有名な話ですが、彼には１ドルの年俸以外にも、同社の株式やストック・オプションなどが実質的な報酬として付与されていました。またジョブズ氏はストック・オプションを自らのみならずすべての従業員に付与するなどして、従業員のやる気を鼓舞したともいいます。ジョブズ氏復帰後の同社の奇跡的な復活劇は周知のとおりです。この間、株価は100倍以上に膨らみ、彼らに付与された株式やストック・オプションの価値も大きく値上がりすることとなりました。

株式報酬とは、このように会社価値の向上に向けたインセンティブの発揮を目的として、自社の株式または新株予約権を、役員や従業員に付与する仕組みを指します。

これは、正しく設計し管理運用することで、会社を成長させるためのエンジンとして機能するものです。しかし、「創業当初に自前でストック・オプションを付与した」「アドバイザーにいわれるがまま発行したが、内容を十分に理解していなかった」「コンサルタントの勧めるまま複雑な設計をしたものの、内容の理解が人によって異なっていた」「発行後の運用管理を十分にできていない」といった悩みの声も聞こえてきます。

役職員のインセンティブ向上を目的としたはずなのに、これが発揮されないような事態になったり、ましてやトラブルになって成長のブレーキとなったりしては本末転倒です。実際に、株主や従業員から損害賠償を請求される事例もあります。

本書は、私が上場企業やスタートアップ企業に対して株式報酬の設計や管理・運用の法務をサポートしてきた経験をもとに、Q&A形式で株式報酬を巡るトラブル事例やその予防方法、解決方法を中心に注意すべき事項を解説するものです。

第１章ではまず株式報酬の基礎概念を、第２章では設計・発行前段階での注意点を、第３章では運用・管理段階での注意点を解説しています。ご関心のある場所から読み進めていただくことも可能です。

株式報酬の設計や発行手続について解説する書籍は多くありますが、設計・発行やその後の運用管理において生じるトラブル事例、その予防方法、解決方法を主として解説する書籍は、これまでさほど存在しなかったものと思われます。

なお、本書執筆中の2023年12月、令和６年度（2024年度）税制改正大綱が発表され、税制適格ストック・オプションの要件が緩和される見通しが明らかになりました。株式の保管委託要件の一部撤廃、社外高度人材への付与要件の緩和、年間行使価額の限度額の引上げなど、その影響は非常に大きなものです。そのため、同税制改正法案が成立するまで待ち、本書はこれを踏まえた内容としました。

あわせて、2023年５月に開示された信託型ストック・オプションに関する国税庁の見解についても触れています。

本書が、上場企業やスタートアップなどの株式報酬の発行体、発行体をサポートするコンサル会社、弁護士・公認会計士・税理士等の士業の先生方や証券会社等の金融機関の皆様に少しでもお役に立つことがあれば幸甚です。

2024年３月
弁護士　岩崎　隼人

もくじ

本書に記載の内容は、2024年3月時点のものです。

凡　例

金商法	金融商品取引法
金商令	金融商品取引法施行令
振替法	社債、株式等の振替に関する法律
会社令	会社法施行令
会社規	会社法施行規則
開示府令	企業内容等の開示に関する内閣府令
労基法	労働基準法
労契法	労働契約法
労組法	労働組合法
所法	所得税法
所令	所得税法施行令
法法	法人税法
法令	法人税法施行令
措法	租税特別措置法
措令	租税特別措置法施行令
所基通	所得税基本通達
最判	最高裁判所判決
高判	高等裁判所判決
地判	地方裁判所判決
集民	最高裁判所裁判集民事
民集	最高裁判所民事判例集
刑集	最高裁判所刑事判例集
労判	労働判例
国税庁Q&A	国税庁「ストックオプションに対する課税(Q&A)」(令和５年７月７日更新)

https://www.nta.go.jp/law/tsutatsu/kihon/shotoku/kaisei/230707/pdf/02.pdf

※　条項番号等の省略方法

(例)　会社法第238条第１項第２号　➡　会社法238①二

第 1 章

基礎概念

第1　株式報酬制度全体の概観

Q01　株式報酬の意義

Q　株式報酬とはどのようなものですか。

A　会社が、自社の役員や従業員に対して、現金ではなく株式や新株予約権を付与する報酬で、インセンティブ付けのために様々な内容を検討して設計される報酬です。

報酬の分類方法の一つとして、交付物の内容に着目した分類が行われることがあります。交付物には金銭のほか、株式や新株予約権がありますが、本書では、金銭を交付する報酬を「金銭報酬」、株式や新株予約権を交付する報酬を「株式報酬」と呼称します（新株予約権も最終的には株式を取得することを目的とするため、株式で受け取る方法・株式報酬に含まれるものと整理しています）。

金銭報酬は、その流動性に価値があり、効果的にインセンティブ付けできる場合がありますが、一方で交付後のインセンティブ付けは期待しにくく、「中長期的成長のための株主との目線の共有」にはなじまない場合もあります。

一方、**株式報酬**については、インサイダー規制、会社法上または事実上の制約などから処分には制限がかかり、流動性は下がりますが、会社業績次第で大幅なアップサイドが見込めるなどの点では効果的にインセンティブ付けできる場合も多く、交付後も株式の価値を高めるべくインセンティブが働くことを期待でき、「中長期的成長のための株主との目線の共有」を投資家にアピールしやすいといった利点もあります。

それぞれの長所・短所の概要は、以下の表のとおりです。

	長　所	短　所
金銭報酬	・報酬受領後は任意に処分できること、役員に資金負担が生じないこと、納税資金確保の問題が生じないことから、インセンティブが機能しやすい場面がある ・インサイダー規制の考慮が不要、会社法上の発行手続、金商法上の手続が不要であることから、手続負担が軽い	・会社に資金負担が生じる ・報酬受領後はインセンティブとしての機能を喪失しやすい ・投資家へのアピールがしにくい
株式報酬	・会社業績次第で大幅なアップサイドが見込めるなどの点では、効果的にインセンティブ付けできる場合もある ・報酬受領後も自社株保有を継続することによって、インセンティブとしての機能を維持できる ・会社に資金負担が生じない ・税制適格ストック・オプションや有償ストック・オプションは、分離課税の対象になる	・金銭報酬に比べて流動性に劣る（譲渡制限等会社法上の制約、事実上の制約、インサイダー規制等） ・会社法上の発行手続、金商法上の手続などの手続負担 ・納税資金確保の問題が生じる場合もある ・景気の動向等外的要因による影響を受けて資産価値が変動し得るため、インセンティブとして機能しない可能性がある

なお、報酬の分類として、固定報酬と業績連動報酬に分けることもできます。

業績連動報酬は、その報酬の付与や実質的価値が会社業績等一定の指標と連動する報酬です。報酬類型や指標・条件の定め方を工夫し、会社が目指す成長に向けたインセンティブを対象者に与えることを目的とするものです。

業績連動報酬には、金銭の給付を内容とするものもあり、ストック・オプションや株式を報酬の内容とするものが代表的です（法人税法、所得税法上は事前確定届出給与として整理されるものについても、その正味の価値は業績に連動するものであることをとらえれば、この意味では業績連動報酬と呼称することもあり得るでしょう）。

Q02　報酬類型選択の視点

Q　報酬戦略を見直し、報酬類型の追加変更を検討しています。しかし、報酬類型や設計方法が様々で複雑に感じています。どのように検討すればよいのでしょうか。

A　経営戦略を特定し、これを実行するためのインセンティブ付けに資する報酬制度・条件や報酬構成比率を検討するとともに、報酬水準等については競合他社の状況など外的環境も踏まえて検討します。

1　報酬設計の重要性

報酬は、会社の経営において重要な役割を担っています。

会社において重要な役割を担う役職員が、どのようにリスクテイクし、どのように積極的に活動するかについて、報酬の設計や内容が重大な影響を与えるからです。

2 経営戦略

報酬制度の設計は、経営戦略の成功を報酬面から支えるためのものである必要があり、具体的には、事業の成功に必要な人材を獲得してつなぎとめ、在籍期間中の経営戦略の成功のために高いコミットメントを期待できる設計にする必要があります。

このため、経営戦略をどのように考えるかが出発点となります。

3 経営指標（KPI）

経営戦略を踏まえて具体的な目標となる経営指標（KPI：Key Performance Indicator）を設定します。

投資家の視点と経営者がエネルギーをもって取り組むための視点とは必ずしも一致しないこともあるため、双方の視点に配慮した複数のKPIを検討し、バランスの取れた十分なものとなるように設定します。

4 報酬体系

設定した経営指標を実現するために、どのような報酬体系がよいのかを検討します。現物株式、ユニット、ストック・オプション、株式交付信託等のどのような報酬類型を用いるかということです。

いずれの類型にも長短がありますが、インセンティブの機能を発揮するために最適なものがどれかという視点で検討することが重要です。特に、業績連動の有無、給付内容は株式か金銭か、交付時期(評価期間)、業績条件の有無などの検討が重要です。

それぞれの要素に関する特徴を整理すると、以下のとおりです。

		長　所	短　所
業績連動の有無	なし(固定報酬)	・適切なリスクテイクとして機能する(近視眼的な業績向上を志向しない等) ・優秀人材の採用やリテンションに利点	・リスクテイクするモチベーションが弱くなる(必要以上に保守的になる等)
	あり(業績連動報酬)	・報酬戦略から設定した経営指標の達成のためのインセンティブとして機能させることが可能	・給付条件達成のために近視眼的な経営をするおそれがある
給付内容	金銭	上記13頁の表を参照	
	株式*		
交付時期(評価期間)	短期	・目標を意識しやすく、インセンティブとして機能させやすい	・給付条件達成のために近視眼的な経営をするおそれがある
	長期	・報酬戦略から中長期的な視点で設定した経営指標の達成のためのインセンティブとして機能させることが可能	・目標が意識しにくい場合にはインセンティブとして機能させにくくなる

*ストック・オプションを含む

5 報酬水準

報酬水準の検討に当たっては、役員報酬サーベイなどの情報データベースを利用しながら、競合他社の状況などを踏まえて検討していきます。

6 報酬構成比率の調整

報酬構成比率の調整に当たっては、投資家からは一般に業績連動報酬の比率が多い方が好まれる傾向にありますが、生活給である固定報酬が少なすぎるとリスクテイクが不適切になる可能性があるなど弊害もあるため、適切なバランスを会社の個別事情を踏まえて検討します。

また、給付内容についても、事業の成功に必要な人材を獲得してつなぎとめ、在籍期間中の経営戦略の成功のために高いコミットメントを期待するにふさわしいのはどのようなものかを、会社の個別事情を踏まえて検討します。

その他選択した報酬類型の内容について、業績連動報酬であれば連動指標や連動方法、在籍条件、継続保有条件、行使期間等の個別条件も、会社の個別事情を踏まえて設計します。

第2　ストック・オプション

Q03　ストック・オプションの意義と種類

Q　ストック・オプションとはどのようなものですか。

A　株式を原資産とするコール・オプション（あらかじめ定められた価格で株式を取得できる権利）で、株式報酬型ストック・オプション、通常型ストック・オプション（税制適格ストック・オプション）、有償ストック・オプションに分類されます。

①　ストック・オプションとは

ストック・オプション（SO：Stock Option）とは、自社の株式を原資産とするコール・オプションのうち、特に企業がその従業員等に報酬として付与するものをいい（企業会計基準第８号「ストック・オプション等に関する会計基準」）、新株予約権をもって行われるものです。

割当てを受ける際とストック・オプションを行使する際の二つの時点で対価の有無や額が取り決められ、交付される株式の価値がこれらの合計額を上回る場合に、付与対象者に利点が生まれます。対価の有無や金額をはじめ、ストック・オプションを行使するための条件や期間の定め方など、付与対象者にインセンティブ付けするために必要適切な内容とするべく設計されます。

ストック・オプションの発行方法は、大きく以下の３つに分類されます。

① 株式報酬型ストック・オプション
② 通常型ストック・オプション（税制適格ストック・オプション）
③ 有償ストック・オプション（有償新株予約権）

2 株式報酬型ストック・オプション

①**株式報酬型ストック・オプション**とは、株式そのものを報酬とすることを狙いとしたストック・オプションです。

権利行使価額を１円として設計することが多いので、「１円ストック・オプション」とも呼ばれます。

2019年改正会社法により、上場企業の取締役・執行役に報酬等としてストック・オプションを付与する場合に限り、権利行使価額を０円とすることも認められるようになりました。

いずれも株式を付与するのと同等であることをとらえて、株式報酬型ストック・オプションとよばれます。

2019年会社法改正によって、取締役または執行役に対して株式の無償発行を可能とする例外規定が認められるまで、会社法上、株式発行に際して決定する募集事項の中で、会社は、募集株式の払込金額またはその算定方法を定めなければならないとされており（会社法199①二）、新株予約権の場合のように金銭の払込みを要しないことを許容する規定（会社法238①二）もないため、株式の無償発行は一切できないと解されていました。また、株式発行に際して、金銭以外の財産を出資の目的とするときは当該財産の価額を定めなければならないため（会社法199①三）、出資の目的を労務とすることは一切認められないと解されていました。

こうした背景から日本では、株式そのものを報酬として付与する制度の導入は、なかなか進みませんでした。現在では、株式の報酬としての付与が可能であることが明確化されているため、株式の報酬としての付与を目的とする点では、あえてストック・オプションによる必要性はなくなっています。

このため、株式報酬型ストック・オプション制度を廃止し、リストリクテッド・ストック（Q04、Q05）等の株式報酬を導入する企業が増えています。

3　通常型ストック・オプション（税制適格ストック・オプション）

②**通常型ストック・オプション**とは、権利行使価額を付与時点の株価より高く設計して発行するストック・オプションです。

これにより権利行使時点の株価が付与時点の株価よりも上昇している場合に、当該差額分が報酬相当分の利益となります。通常は、税制適格ストック・オプションとして発行されます。

税制適格ストック・オプションとは、租税特別措置法29条の２の要件を満たすストック・オプションであり、課税のタイミングおよび税率の点で権利者に有利なものです。すなわち、税制適格ストック・オプションの場合には、課税のタイミングが株式売却時となるため、売却代金を原資とした納税が可能となり、税率についても譲渡所得として分離課税（20.315％）となる点で税制上のメリットを受けられます（これに対し、無償の税制非適格ストック・オプションの場合、課税タイミングが権利行使時であるため手元資金からの納税が必要となる場合があり、税率は総合課税（最大55.945％）となります。なお、株式売却時においても、権利行使時から売却時までに株価が上昇している場合には、この上昇分について譲渡所得として分離課税となります）。このように税制適格か否かで課税時の税率が大きく異なるため、場合によっては最終的な税金負担額に数千万円～億円単位の差異が生じることもあります。

後述の有償ストック・オプションと異なり、付与時に払込みを要せず、税制上の負担も軽減されることをもって、インセンティブ付けを強めるべき場合に用いられます。

なお、税制適格要件の詳細はQ17～Q26にて解説しますが、大口株主（上場会社は発行済株式総数の10分の１超を保有する者、非上場会社は発行済株式総数の３分の１超を保有する者）は対象から除かれるため、経営者株主が税制適格ストック・オプションを利用することは難しい場合が少なくありません。また、税制適格要件を満たす場合には、発行会社にて損金処理することができない点に注意が必要です。

4　有償ストック・オプション（有償新株予約権）

③**有償ストック・オプション**とは、時価で新株予約権を発行するストック・オプションです。

有償ストック・オプションは、付与を受けた役職員がその付与の対価として会社に公正価額を支払わなければならないものであり、役員としての役務や従業員としての労務の対価と位置付けられるものではありません。このため、厳密には報酬ではないものと整理されています（もっとも、ストック・オプション割当ての機会を得られること自体が実質的に報酬といい得る面もあります）。

有償ストック・オプションは、付与される者にとって、最も資金負担が重くなります。株価が発行時より上昇しない場合には報酬としての価値が0円になるだけでなく、割当時に払い込んだ価額が損失となるリスクもあります。しかし、有償ストック・オプションは株式譲渡時に株式譲渡所得税として課税されるため、権利者の税負担が軽く、その点でよく利用されるようになっています（この点について国税庁も同様の見解を有していることが、「国税庁Q&A」で明らかになりました）。

また、有償ストック・オプションは、行使条件として業績条件等一定の条件を付けることが通常です（Q27）。これは、インセンティブ性を明確にするものであり、投資家からの評価を得るという意味でも有益です。こうした条件設定はストック・オプションのオプション価値を下げる方向に作用するものでもあるため、1個当たりの払込価額を下げる方向に作用する点で、付与対象者の資金負担を軽減し得るという意味があります。

5 各ストック・オプションの比較

以上の各ストック・オプション報酬を比較すると、以下の表のとおりです。

【各ストック・オプション報酬の比較】

	株式報酬型SO	税制適格SO	有償SO
払込価額の負担	不要	不要	公正価額
行使価格の負担	不要	公正価額	公正価額
所得区分	給与所得（総合課税）	有価証券の譲渡所得（分離課税）	有価証券の譲渡所得（分離課税）
課税時期	権利行使時	株式売却時	株式売却時
納税資金確保の問題	問題あり	問題なし	問題なし
株価下落時のインセンティブ	ゼロにはならない	ゼロになる	ゼロになる
発行会社の損金算入可否	損金算入	損金不算入	損金不算入
報酬の性格	フルバリュー型	値上がり益型	値上がり益型

また、この表の最後段のとおり、株式報酬型ストック・オプションのようにフルバリュー型（権利者の利益分が株価全体に連動するタイプ）のものと、通常型ストック・オプション（税制適格ストック・オプション）や有償ストック・オプションのように値上がり益型のもの（権利者の利益分が一定の株価上昇分に連動するタイプ）とに分類することができます。これらの長短を比較すると、以下のとおりです。

【フルバリュー型と値上がり益型の長短】

	長　所	短　所
フルバリュー型（株式報酬型SOなど）	・付与対象者がキャッシュアウトを伴わず、負担が少ない ・付与時から株価が下落した場合においてもインセンティブ効果を期待できる	・給与所得になり総合課税の対象となる ・通常、値上がり益型よりも付与される株式数が少ない ・課税のタイミングが現金化前であるため納税資金確保の必要がある。このため、課税と現金化のタイミングを調整する必要がある
値上がり益型（通常SO、有償SOなど）	・譲渡所得になり分離課税の対象となる	・付与時から株価が下落した場合においてインセンティブ効果を期待できなくなる

第3　リストリクテッド・ストックとパフォーマンス・シェア

Q04　株式で受領する報酬

Q　株式そのものを受領する報酬にはどのようなものがありますか。

A　代表的なものにリストリクテッド・ストック、パフォーマンス・シェアがあります。それぞれに事前交付のものと、事後交付のものとがあります。

株式で受領する報酬については、論者や文献等によって分類方法や呼称は異なりますが、株式受領のタイミングや、業績条件が付くかどうかにより、26頁のように分類するのが一般的です。

なお、株式報酬制度の一種として、株式交付信託（会社が金銭を信託に拠出し、信託が市場等から株式を取得し、一定期間経過後に役員に株式を交付するもの）が利用されることもありますが、本書では関連する限りで言及するにとどめています。

【株式報酬の種類】

○ **事前交付型リストリクテッド・ストック**
一定期間の譲渡制限が付された株式を交付するもの
○ **事後交付型リストリクテッド・ストック**
あらかじめ交付株式数を定め、一定期間経過後にその株式を交付するもの
○ **事前交付型パフォーマンス・シェア**
事前交付型リストリクテッド・ストックであって、その譲渡制限が解除されるための条件に中長期の業績目標の達成度合いが関係するもの
○ **事後交付型パフォーマンス・シェア**
事後交付型リストリクテッド・ストックであって、その交付の条件に中長期の業績目標の達成度合いが関係するもの

Q05　リストリクテッド・ストックの意義

Q リストリクテッド・ストックとはどのようなものでしょうか。

A 譲渡制限等を付して株式を交付する報酬です。

リストリクテッド・ストック（RS：Restricted Stock）とは、役職員に対する将来の職務執行に対する対価として、一定期間における譲渡その他の処分が制限された株式を報酬設定時に交付する報酬です。企業業績とは直接連動させないものとなります。

また、報酬設定時には株式を付与せず、一定の期間経過後に一定

の株式を交付する旨を定めておき、実際にその期間が経過した後に所定数の株式を交付する方法もあり、これを事後交付型リストリクテッド・ストックと分類することもあります。

Q06　パフォーマンス・シェアの意義

Q　パフォーマンス・シェアとはどのようなものでしょうか。

A　リストリクテッド・ストックをもとに、業績条件を付したものです。

パフォーマンス・シェア（PS：Performance Share）とは、リストリクテッド・ストックをもとに、業績条件を付するものです。株式を付与し、連動期間として定めた一定期間経過後、業績等に応じて譲渡制限を解除するといった設計が代表的です。

また、リストリクテッド・ストック同様、報酬設定時には株式を付与せず、連動期間として定めた一定期間経過後に株式を交付する事後交付型もあります。

Q07　リストリクテッド・ストックとパフォーマンス・シェアそれぞれの特徴

Q　リストリクテッド・ストックとパフォーマンス・シェアそれぞれの事前交付型・事後交付型の長短はどのようなものでしょうか。

A　報酬設定時点から株主の地位を取得させるか、業績条件が含まれるかが相違し、これによってインセンティブ付けのしやすさ、株式管理の負担、投資家からの評価の得やすさ、損金計上の可否、会計処理上の費用計上等についてその長短が分類されます。

リストリクテッド・ストックとパフォーマンス・シェアそれぞれの事前交付型・事後交付型の長短を整理すると、以下表のとおりです。

【各株式報酬の長短】

	長　所	短　所
事前交付型 リストリクテッド・ストック	・報酬設定時から株主としての権利が生じ、インセンティブ付けしやすい*1 ・持株比率が向上するため投資家からの評価が得られやすい場合がある ・事前確定届出給与として損金算入できる	・株式管理の負担がある

	長　所	短　所
事後交付型リストリクテッド・ストック	・条件未達の前に株主としての権利が生じないことをわかりやすく設計でき、既存株主からの理解が得られやすい ・事前確定届出給与として損金算入できる	・報酬設定時に株主としての権利が生じない ・実際に株式が交付されるまで持株比率が向上しないため、持株比率の高さについて投資家からの評価が得られにくい場合がある
事前交付型パフォーマンス・シェア	・付与条件に業績条件が付くことでインセンティブ性が高まり、投資家からの理解が得られやすい ・付与後の株価向上によって会計上計上すべき費用額が増加しないため、業績評価期間における大幅な株価向上が見込まれる場合にはメリットとなる	・業績条件が付くため、付与のハードルが高まる ・損金算入要件を満たすことができない ・株式管理の負担がある
事後交付型パフォーマンス・シェア	・業績条件未達などの場合における費用計上額を圧縮できるため、実現可能性が高いとはいえないような業績条件を付す場合にはメリットとなる ・業績連動報酬としての要件を満たす場合には損金算入できる＊2	・報酬設定時に株主としての権利が生じない ・実際に株式が交付されるまで持株比率が向上しないため、持株比率の高さについて投資家からの評価が得られにくい場合がある

＊1　ただし、権利を生じさせない設計の場合もある。

＊2　ただし、このような要件を充足することは実際には難しいとの意見もある。

第2章

設計段階・発行前段階の注意点

第1　ストック・オプション全体

Q08　ストック・オプションの基本的な設計例

Q　ストック・オプションの基本的な設計例はどのようなものですか。

A　法令上ストック・オプションの内容として定めなければならない事項はもとより、行使条件など法令上には定めのない事項を含め、およそどのような発行会社であっても検討するべき設計があります。

ストック・オプションの基本的な設計内容は、以下のとおりです(会社法236①)。

1　新株予約権の目的である株式の数またはその算定方法（会社法236①一）

新株予約権1個に対応する株式の数を定めます。

単元株制度（会社法188以下）を導入している会社の場合には単元株数に合わせる場合もありますが、発行総量に対して割当対象者の数が多い場合など、単元株数に合わせると不都合である場合には、より細かく設計することも一考です。

また、確定的な数ではなく、算定方法を定めることもできます。実務上は、確定的な数を定めつつ、株式分割、株式の無償割当てや株式併合等、1株当たりの価値の調整が行われる際の調整式を定めます。

2 行使価額またはその算定方法(会社法236①二・三)

ストック・オプションに会社が期待する役割とストック・オプションの種類によって、ストック・オプションの行使に際して権利者が出資する財産の価額（行使価額）を設定します。

発行時の株式の時価またはそれ以上の価額を設定する場合もあれば、発行時の株式の時価を下回る価額を設定することもあります(1円とするものなど)。通常型ストック・オプション（税制適格ストック・オプションを含みます）や有償ストック・オプションと呼ばれるものは前者に分類され、株式報酬型ストック・オプションと呼ばれるものは後者に分類されます。

発行体が上場企業である場合には、実務上、行使価額は、Ⓐ割当日ないし割当日の前日の終値と、Ⓑ割当日に先立つ一定期間の終値の平均値、またはⒷに１％～５％程度を上乗せした額の、いずれか高い金額とすることが多いとの見解があります。

また、行使価額は確定額ではなく算定方法で定めることもできます。実務上は確定的な額を定めつつ、株式分割、株式の無償割当てや株式併合等、１株当たりの価値の調整が行われる際の調整式を定めます。もっとも、上記のように、１株当たりの行使価額のほか、新株予約権の目的となる株式の数も同時に調整するので、行使価額に変化は生じません。

3 行使期間（会社法236①四）

中長期にわたるインセンティブ発揮の観点から期間を検討します

が、実務上は、決議から２年が経過して以降、決議から５年程度や10年程度が経過するまでの期間を行使期間とすることが多いです。

なお、税制適格ストック・オプションの場合には行使期間に制限があり、割当契約において、行使期間を発行決議から２年を経過した日から決議の後10年を経過するまでの間に収めなければなりません（措法29の２①一）。ただし、令和５年度（2023年度）税制改正では、一定のスタートアップについては期間の上限が10年から15年に延長されました（詳細はQ18）。

④　権利行使条件

次のQ09をご参照ください。

⑤　譲渡による当該新株予約権の取得について当該株式会社の承認を要することとするときは、その旨（会社法236①六）

インセンティブ付けのために発行したストック・オプションが自由に譲渡されてしまっては発行の趣旨が没却されてしまうので、譲渡によるストック・オプションの取得について株式会社の承認を要することとするときは、その旨を定めます（会社法236①六）。

これは、譲渡禁止を意味するものではありません（**コラム９**（244頁）参照）。譲渡の禁止を新株予約権の内容とすることはできない点に、注意が必要です。なお、税制適格ストック・オプションの要件の１つに譲渡禁止を定めることがありますが、この定めは割当契約において定めるべきものであり、新株予約権の内容とすることはできません。

もっとも、譲渡制限を付しておけば新株予約権の譲渡禁止と同様の効果を生み出すことができるともいえます。譲渡制限の付された新株予約権については、譲渡制限株式とは異なり、指定買取人制度（会社法136）が存在しないからです。新株予約権については、株式の場合のように、投下資本回収の要請が強くないという考えによるものです。

6 無償取得条項（会社法236①七）

実務上、「当社が別に定める日が到来することをもって取得事由とする」などといった無償取得条項を定めることが多くあります。会社が任意に取得日を定めることを可能とするためです。これによって、問題社員からストック・オプションを没収することや、会社の重要な意思決定に発行済みのストック・オプションが障害となる場合にこの障害を取り除くことが容易となります。権利者からすれば権利の没収ですから、不利益性のある条項であることは否めませんが、運用によっては役職員全体にとって良い結果を導くことにもなります。

こうした定めは許容されるものと一般に理解されています。ただし、その解釈適用を巡っては紛争になるおそれもあるため（Q65～Q68）、予測し得る取得事由は明確に列記しておくことが有用です。

なお、取得に際しては無償によってすることに限定されず、取得事由ごとに有償とすることも可能です。

【具体例】

①　当社が消滅会社となる合併契約の議案または当社が完全子会社となる株式交換契約の議案もしくは株式移転計画の議案につき当社が決定した場合（株主総会決議が不要の場合は当該議案につき当社取締役会が決定した場合）または株主から当該株主総会の招集の請求があった場合において、当社は、当社取締役会が別途取得する日を定めた場合は、当該日が到来することをもって、本新株予約権の全部を無償で取得する。 ②　当社は、本新株予約権者が権利行使の条件を欠くこととなった場合、本新株予約権者が本新株予約権を放棄した場合は、当社は、当社取締役会が別途定める日の到来をもって、当該本新株予約権を無償で取得することができる。 ③　当社は、当社取締役会が別途取得する日を定めた場合は、当該日が到来することをもって、本新株予約権の全部または一部を無償で取得する。なお、本新株予約権の一部を取得する場合は、当社取締役会の決議によりその取得する本新株予約権の一部を定める。

7　その他の設計内容

そのほか、増加する資本金および資本準備金に関する事項（会社法236①五）、組織再編の際の処理（会社法236①八）、端株の処理（会社法236①九）、新株予約権証券の発行（会社法236①十・十一）なども定めます。

Q09　基本的な権利行使条件

Q ストック・オプションの基本的な権利行使条件はどのようなものですか。

A 継続勤務、業績達成、上場、その他会社に不利益となる行動をしていないことなどを条件として定めることがあります。

インセンティブ付けの目的を果たすために、会社固有の事情に応じてその内容は様々ですが、行使を可能とするための条件を定めます。

行使条件のうち、基本的なものは以下のとおりです。

1　継続勤務に関する条件

インセンティブおよびリテンション（人材流出防止）のために、権利行使できる時ないし実際に権利行使する時まで継続して一定の役職員としての地位を有することを要するといった条件です。

付与する対象者に合わせて業務委託先や顧問等の地位を含めたり、勤務条件の制限を解除する余地を設けたりなど、様々に工夫することができます。

【具体例】

> 本新株予約権者は、本新株予約権を取得した時点において当該本新株予約権者が当社または当社の子会社の取締役等の役員または使用人である場合は、本新株予約権の取得時から権利行使時まで継続して、当社または当社の子会社の取締役等の役員または使用人のいずれかの地位にあることを要する。ただし、当社取締役会が正当な理由があるものと認めた場合にはこの限りではない。

2 業績達成に関する条件

会社が一定の業績を達成することを、権利行使の条件とするものです。

業績としてどのような指標を条件に定めるかは、慎重な検討が必要です。会社の成長に適合する指標を設定する必要があり、売上高、営業利益、経常利益、当期純利益、EBITDA等の定量的な指標が採用されます。採用した指標をもとにどの程度のレベルまで求めるかについても、緩すぎても厳しすぎてもインセンティブとして機能しないため、慎重な検討が必要です。また、ゼロか100かではなく、指標の達成度合いに応じて行使できるストック・オプションの割合を変動させるといった柔軟な設計も可能です。

【具体例】

> 本新株予約権者は、当社決算書上の損益計算書において、●年●月期の営業利益が●円を超過した場合に限り、本新株予約権を行使することができる。

③　権利者死亡時の条件

権利者が死亡した場合、その相続人にストック・オプションの権利行使を認めるかどうかについて定めます。インセンティブとしての性質から、未行使のストック・オプションについては相続を認めないと定めることもあります。一方、死亡退職金としての性質を持たせることを期待して、相続を認める場合もあります。

【具体例】

> 本新株予約権者が権利行使期間中に死亡した場合、その相続人は本新株予約権を行使することができない。

④　上場条件

発行会社がスタートアップである場合などに、行使条件として発行会社が株式市場に上場することを定める場合があります。発行会社が上場を目指している場合に、権利者のインセンティブ付けのために定めるものです。

もっとも、上場条件を行使条件として定めても、結果的にM&Aにてエグジットとなることもあります。このとき、上場条件が定められていることで権利行使を認めない設計をよしとするのか、そうではなく、ストック・オプションそのものを買い取るなどをもって権利実現を認める設計をよしとするのかなどについても検討が必要です。

また、上場先の市場を東京証券取引所に限定する場合もありますし、さらに市場区分（プライム、スタンダード、グロース）を指定することもあります。

【具体例】

本新株予約権の目的である当社普通株式が、日本国内の金融商品取引所に上場した場合に限り、本新株予約権を行使することができる。

5　その他の条件

その他、権利行使を認めるべきでない状況にある場合に備えた行使条件を定めます。

【具体例】

本新株予約権者は、次の各号のいずれかに該当する事由が生じた場合には、本新株予約権を行使することができない。
① 禁錮刑以上の刑に処せられた場合
② 当社と競合する業務を営む会社を直接もしくは間接に設立し、または当該会社の取締役等の役員もしくは使用人に就任する等、名目を問わず当社と競業した場合（ただし、当社の書面による事前の承認を得た場合を除く）
③ 法令違反その他不正行為により、当社の信用を損ねた場合
④ 差押え、仮差押え、仮処分、強制執行もしくは競売の申立てを受け、または公租公課の滞納処分を受けた場合
⑤ 支払停止もしくは支払不能となり、または振出しもしくは引き受けた手形もしくは小切手が不渡りになった場合
⑥ 破産手続開始、民事再生手続開始その他これらに類する手続開始の申立てがあった場合または自らこれを申し立てた場合
⑦ 就業規則に違反し、懲戒処分を受けた場合または役員として果たすべき忠実義務等に違反した場合
⑧ 反社会的勢力または反市場勢力に該当する疑いのある場合ならびに過去５年以内にこれらに該当した疑いのある場合

Q10　応用的な設計例

Q ストック・オプションの応用的な設計例はどのようなものですか。

A 特に有償ストック・オプションに関するものですが、強制行使条項や株価条項が定められる場合もあります。とはいえ、インセンティブ付けの観点からはなじまない場面が多く、設計するケースは多くはないものと思われます。

ストック・オプションの応用的な設計例は、以下のとおりです。

1　強制行使条項

強制行使条項とは、あらかじめ設定された価格を将来の株価が下回った場合に、ストック・オプションを行使することを義務付ける条項です。

【具体例】

> 新株予約権の発行後、満期日までの期間において、株価が当初株価の●％を下回った場合、●までに新株予約権を行使しなければならない。

この条項は、ストック・オプションには通常設けられないものです。通常、株価が下落しており、権利行使価格が市場株価よりも高ければ、ストック・オプションは行使せず放置しておきますが、強制行使条項が設けられている場合には、市場株価よりも高い価格で権利行使をしなければならないため、付与対象者に損失が生じてしまうからです。

もっとも、有償ストック・オプションを付与しようとするとき、その評価額を下げる効果があるので、付与対象者の金銭的負担を抑えることなどを目的として導入される場合もあり得ます。

2　株価条項

株価条項とは、ストック・オプションの権利行使価格について、株価がどのような水準であるかによって、行使できなくなる条項（株価ノックアウト条項）や、行使可能とする条項（株価ノックイン条項）をいいます。

(1)　株価ノックアウト条項

株価ノックアウト条項とは、権利行使価格を下回る価格で新株発行や株式譲渡が行われた場合などにストック・オプションを行使できなくなる条項のことです。

【具体例】

> 本新株予約権の割当日から満期日までにおいて、株価が権利行使価格の●％を下回った場合、未行使の本新株予約権をすべて行使できないものとする。

この条件も、通常のストック・オプションには設けられないものです。市場環境を原因として株価が下がることは当然ありますが、そのようなときに権利行使できなくなってしまうと、付与対象者のパフォーマンスにかかわらず資産価値が消滅してしまうことを意味するので、インセンティブにはなじみにくいからです。

一方、有償ストック・オプションを付与しようとするとき、その評価額を下げる効果があるので、付与対象者の金銭的負担を抑えることなどを目的として導入される場合もあり得ます。

(2) 株価ノックイン条項

株価ノックイン条項とは、株価が一定の水準を超えて以降行使が可能になる条項のことをいいます。

【具体例】

割当日から●年が経過する日までの間において、当社普通株式の株価が、行使価額に●%を乗じた額を一度でも上回らない限り、本新株予約権を行使することができない。

株価ノックイン条項は、発行会社がスタートアップで、これから大きく成長させたい場合に、付与対象者に対して早期迅速の成長に向けた活躍を期待する目的で設計されます。

Q11　ストック・オプション発行に当たっての取締役会への委任の注意点

Q 当社は非公開会社ですが、ストック・オプションの発行に当たり、募集事項の決定を取締役会に委任したいと考えています。新株予約権の内容の決定も、細かなものであれば、取締役会に委任できますか。

A 非公開会社が新株予約権の募集事項の決定を取締役会に委任する際には、株主総会にて「委任に基づいて募集事項の決定をすることができる募集新株予約権の内容及び数の上限」を定めなければなりません。ここで新株予約権の「内容」はそのすべてを株主総会で確定的に定める必要があり、取締役会にその決定を委任することはできないと考える方が、リスクが小さくなります（ただし、執筆時点で法改正が検討されています）。

非公開会社の場合、ストック・オプションを発行するには、株主総会の特別決議を経なければなりません（会社法238②、309②六）。しかし、株主総会の特別決議をもって取締役会に委任できるものもあります（会社法239）。この委任を活用する際、「その委任に基づいて募集事項の決定をすることができる募集新株予約権の内容及び数の上限」は株主総会で決める必要がありますが（会社法239①一）、この「募集新株予約権の内容」が何を指すのかが問題になります。

条文の文言は「新株予約権の内容」を株主総会で定めることとされており、その一部あるいは細目を取締役会へ委任できるとは規定されていません。一方、一部あるいは細目を委任できないとも規定されていません。

この文言が示す「新株予約権の内容」の範囲は解釈に委ねられます。

会社法上、新株予約権の内容を定める条文として、会社法236条１項各号がありますが、ここに列記されないもの、例えば新株予約権の行使条件も「内容」と評価されます（会社法911③十二）。

結局、新株予約権の内容とは、新株予約権そのものの属性を構成するものであり、新株予約権が次々と譲渡されたとしても当然失われることのないものであって、いわば発行要項とほぼ同義のものと考えられます。

これに対し、この「新株予約権の内容」には細目的なものは含まれないとする見解もあります。この見解はある程度のものは委任できるという見解であり、例えば行使条件について、付与対象者が退任後再度就任したときの取扱いのような細目については委任が可能などと論じます。実際にそのような発行例もあります。発行要項の行使条件に、細目事項は取締役会が決定するなどといったことが記載されているものです。

しかし、こうした解釈が許されるとした裁判例は見当たらず、その法的安定性は確実ではありません。

そもそも、取締役会への委任の際に一定事項を株主総会で定めなければならないことの趣旨は、委任の範囲を無制限とすると経営陣によって既存株主の利益が害されるおそれがあるため、新株予約権の内容および数の上限等重要な一定事項を株主総会で定めておくことにより、既存株主が募集新株予約権の発行により影響を受ける範囲を画することができるようにして、これをもって取締役（会）の権限行使の適正性を担保しようとするものです。そして、この定めに違反する取締役（会）の募集事項の決定は無効と解されています※1。

したがって、少なくとも現行法上は、無効のリスクを冒さず安定的に運用するという意味では、発行要項の内容はすべて株主総会で決めきっておくことが実務上は重要であると思われます。

なお、「新株予約権の内容」のうち行使条件について、取締役会への委任を認めるかのように読める判例がありますが（最判平成24・4・24民集66巻6号2908頁）、この事案は新株予約権の発行されたタイミングが会社法施行前であり、会社法施行前は取締役会への委任で行使条件を定めることが可能であったという背景があります。会社法施行後の現在においては、取締役会への委任で行使条件を定めることを肯定するものではありません。

もっとも、これは将来のことになりますが、設立15年未満の会社を対象として、権利行使価格や権利行使期間等の決定を取締役会に委任できるようにするための法改正が執筆時点（2024年3月）で検討されており、取締役会への委任が法的に認められる可能性あります（詳細は次の**コラム1**参照）。

過去、現在、将来と、取締役会へ委任できる範囲は法制度上変化し得るものであり、混乱のないよう注意しましょう。

※1　江頭憲治郎編『会社法コンメンタール　第6巻　新株予約権』〔吉本健一〕60頁（2009、商事法務）

コラム１　ストック・オプションプール

Q11 のとおり、取締役会に委任するとしても、新株予約権の内容は株主総会決議で決めなければなりません。その中には「権利行使価額」も含まれています。

そして、株主総会の決議によって取締役会に委任する場合、その委任には有効期間があります。すなわち会社法 239 条 3 項に基づき、株主総会決議から１年の期間に限定されており、これを超えて取締役会で進めようとする場合には、再度株主総会決議を経なければなりません。

また、税制適格ストック・オプションなど、権利行使価額を時価以上にする必要のあるストック・オプション類型については、委任の期間中、スタートアップが資金調達するなどして時価に変動が生じると、再度株主総会決議で委任をとらなければなりません。

スタートアップにおいては、エクイティでの調達の過程でベンチャーキャピタル（VC）をはじめ様々な属性の株主が存在することになりますが、こうしたとき株主総会を柔軟かつ迅速な開催が難しいこともあります。

こうした背景から、スタートアップが成長する環境を整備するため、一定の枠内で柔軟にストック・オプションを発行する仕組み、いわゆるストック・オプションプールの利用を可能とするため、以下のような環境整備が検討されています。

①　株主総会から取締役会への委任内容について、新株予約権の権利行使の価額や権利行使期間等も含めることができるよう会社法を改正すること
②　新株予約権の発行に係る募集事項の決定の委任について、株主総会から取締役会への委任決議の有効期限が現行では「１年以内」になっているところ、この制約を撤廃すること
③　新株予約権の発行上限を決める際には株主総会の議決が必要になるところ、議決権を有する株主のうち決議を行うのに足りる株主の書面等による意思表示によって株主総会の決議があったものとみなすことができるようにするなどの必要な検討を行い、その機動性を向上させること（実開催を行わずに決議があったものとみなすためには議決権を有する株主全員の書面等による意思表示が必要となっており、機動性に欠けるとの指摘があるため）

これらの環境整備には、会社法の措置の見直しや税制面の対応も必要になります。

設立 15 年未満の会社を対象として、上記①②を実現させるための法案（産業競争力強化法の改正案）が 2024 年度通常国会に提出され審議中です（2024 年 3 月時点）。上記③の点を含め議論の動向に注視が必要です。

Q12　上場と潜在株式比率の関係

Q 将来は上場を考えています。既に発行済みのストック・オプションなどもありますが、この度新たにストック・オプションを発行しようと思います。ストック・オプションの発行に当たって、上場との関係ではどのような点に注意すればよいのでしょうか。

A 上場審査における潜在株式比率は、通常10%程度にとどめることが無難であるとされ、発行内容には没収・消却できることを明記しておくなど注意が必要です。

潜在株式とは、ストック・オプションや転換社債型新株予約権付社債、その他契約により潜在的に増加し得る株式をいいます。

ストック・オプションの発行などによって**潜在株式比率**（潜在株式数が、現状の全体の発行済株式総数に占める割合）が高くなっている会社において、新規上場後に潜在株式が権利行使されて希釈化が生じると、その権利行使価額が時価より低い場合には株価押下げの要因となってしまいます。通常は、行使価額は時価より低くなることから、上場時にブックビルディング方式で決められた価格で引き受けた投資家は、こうした希釈化によって損を被ってしまいます。

そうすると、結果として潜在株式比率が高い場合には上場時の公開価格をブックビルディング方式により決定することが困難となりうるため、主幹事証券会社は潜在株式比率の影響に注目します。

上場審査における潜在株式比率は10%という数字が意識されますが、実際の企業の上場時の潜在株式比率は様々で、これを上回る会社（20%など）もあります。

10%は形式要件ではないため、個別の事情に応じて調整を検討することはもちろん可能ですが、実務的には一般に10%程度が無難な基準ではあると考えます。

潜在株式比率について無配慮でいると、上場の可否に支障が出るおそれがあります。

上場準備の際、発行済みのストック・オプションについて、権利者の同意や根拠なく没収したり、消却したりするようなことがあれば、権利者のインセンティブを大きく阻害するおそれがありますし、権利者との間で紛争になるおそれもあります。

こうした問題を避けるためには、まずなによりも上場審査で障害が生じるほどの潜在株式を発行しない配慮が必要です。

また、潜在株式の内容を検討する際、権利者の協力を要せずして没収・消却・消滅処理することができるようにしておくことも最低限必要です。その際、（必ずしも割当時に明確化する必要はないと考えますが）権利者の利益に配慮する措置を用意しておくことも重要です。

もし、既に潜在株式を巡って上場に支障が生じる状況に直面してしまっている場合には、潜在株式を保有する者にあらかじめ行使させたり、権利者の同意・確認を経ながら没収・消却・消滅処理したりすることを進め、その対価を付与して権利者の利益にも配慮することが、適切な事後的対応といえます。

Q13 ストック・オプションの発行の無効

Q ストック・オプションの発行が無効になってしまうこともあるようですが、それはどのような場合でしょうか。

A 特に重大な瑕疵がある場合には、裁判により無効となります。類型的にいくつかの典型的な無効原因があります。

どのような法的瑕疵があれば無効とされるかについては、明文の規定がないため、解釈に委ねられています。ストック・オプションが事後的に無効とされると、（有償で割り当てていれば）会社は払込金額を返還しなければならないほか、発行されたストック・オプションも無効になるといったように法律関係の安定を害するおそれがあるため、重大な法令・定款違反がある場合等に限って、無効原因になると解すべきとされます※2。例えば、譲渡制限株式を目的とするストック・オプションが株主総会の決議なしに発行されるような場合には無効原因になり得ます。

このストック・オプションの発行の無効は、訴えをもってのみ無効を主張し、無効を認容する判決が確定されて初めて無効の効力が生じる形成訴訟であって、対世効（判決の効力が及ぶ範囲について、判決の当事者だけでなく第三者にも拡張する効果）のあるものです（会社法828①四、838）。また、一度裁判が始まってしまえば、請求の認諾も請求の放棄も許されず、途中で終わらせることもできないまま進行してしまいます※3。新株予約権発行無効の訴えのように

※2 江頭憲治郎『株式会社法　第8版』806～807頁、840頁（2021、有斐閣）

会社の組織に関する行為の無効の訴え（会社法828）など会社関係訴訟では、原告・被告には係争利益の処分権限がないと解され、また、効力を及ぼされることになる第三者（会社法838）の不利益も問題となるからです。

訴えをもってストック・オプションの発行の無効が確定すると、その回で発行したストック・オプションが画一的にすべて無効になってしまいます。

その回の付与対象者は権利を失うわけですからトラブルになりますし、事後的に追加発行しようにもバリュエーションが変わっているような場合には、会社や割当先がイメージする内容にできない可能性があります。

なお、ストック・オプションの発行無効の訴えの提訴期間は、公開会社にあってはストック・オプションの発行の効力が生じた日から６か月以内、公開会社以外の会社にあっては１年以内とされているため、これら期間を超過すればストック・オプション発行の無効を争われる心配はなくなります。もっとも、ストック・オプションの付与の方法がストック・オプションの発行の方法ではなく、発行会社が保有する自己新株予約権の処分によって行う場合については、会社法上、特別の無効の訴えの制度はないため、無効事由があればいつ、誰でも、方法の制限なく無効主張することができるものとされている点には注意が必要です。

ストック・オプション発行の有効性が争われる事態となった場合には、それが訴訟前であれば説明を尽くして解決を試みます。訴訟に発展してしまった場合には、主張立証を尽くす必要があります。

※3　兼子一原著『条解民事訴訟法　第２版』〔竹下守夫＝上原敏夫〕1469頁（2011、弘文堂）

こうしたトラブルを回避するための対策は、発行の際に会社法上の手続をしっかりと遵守して進めていくことに尽きます。

Q14　発行手続の違反等の問題

Q　当社は非上場のスタートアップですが、ストック・オプション発行の際の株主総会決議の手続に違反したことを理由として、後日トラブルになることはあり得ますか。

A　上場審査時にトラブルとなるほか、手続違反の程度が深刻である場合には、ストック・オプションの発行が無効となるといったトラブルがあり得ます。

1　発行手続違反のリスク

ストック・オプションの発行・付与のため、会社法上定められた手続があります。こうした手続に違反してしまうと、その態様によっては、ストック・オプションが不存在あるいは無効となる可能性があります。スタートアップの場合、上場審査にてそうしたストック・オプションについて発行会社による権利者からの無償取得や、これに続く消却を求められるおそれがあります。

こうした手続違反については、上場会社の場合には証券取引所や証券会社からのサポートを得られるなどして起こりにくいものです。そのため、このようなサポートを得られないスタートアップの場合を念頭に、以下では２つの例を示します。

2 株主総会に係る招集手続の違反

書面あるいは電磁的方法での議決権行使制度を採用していない非公開会社である場合、株主総会招集通知は、原則として、株主総会開催日の１週間前までに発送する必要があります（会社法299①）。

この「１週間前までに」とは、中７日という意味です。すなわち、招集通知の発送日と株主総会開催日の間に７日存在する必要があります。株主総会開催日の前週の同じ曜日に発送すればよいというものではありません。

また、取締役会設置会社の場合（取締役会非設置会社でも書面または電磁的方法での議決権行使を可能とすることを定めて株主総会を招集する場合）には、招集通知は書面でしなければなりません（会社法299②。これら以外の場合であれば招集通知の方法は口頭でもよいとされています※4）。

このとき、一定の要件を満たせば、メールなどの電磁的方法で通知をすることもできますが（会社法299③）、要件を満たしていないにもかかわらず電磁的方法で通知することは手続違反となります。電磁的方法で通知するための要件は「政令で定めるところにより、株主の承諾を得」ることですが、この株主の承諾を得る方法は、あらかじめ通知の相手方に対しその用いる電磁的方法の種類および内容を示し、書面または電磁的方法により承諾を得る方法を指します（会社令21②、会社規230）。実務的には、株主からの承諾撤回の意思表示がない限り継続して電磁的方法により通知を発することについて承諾を得ておく方法がとられます。ただし、上場会社でもこの制度の利用は極めて少ないようです※5。

※4 岩原紳作編『会社法コンメンタール　第７巻　機関［１］』〔青竹正一〕84頁（2013、商事法務）

3 種類株主総会を経ていないという問題

スタートアップが種類株式発行会社である場合、その募集ストック・オプションに関する募集事項の決定は、種類株主総会の決議がなければ、その効力を生じません(会社法238④)。スタートアップは資金調達ラウンドが進むと種類株式を発行して資金調達することが多いですが、種類株式発行後にストック・オプションを発行しようとするときには、くれぐれも種類株主総会決議を経ることを忘れてはなりません。具体的には、「全体の株主総会」の決議に加えて、「普通株主を構成員とする種類株主総会」の決議も経る必要があります。

ただし、当該種類の株式を目的とするストック・オプションを引き受ける者の募集について、当該種類の株式の種類株主を構成員とする種類株主総会の決議を要しない旨の定款の定めがある場合や、当該種類株主総会において議決権を行使することができる種類株主が存しない場合は、種類株主総会決議は不要です。

Q15 有利発行と手続違反

Q 当社は上場準備企業ですが、ストック・オプションを無償で発行するに当たって、有利発行規制に対してはどのように理解すればよいのでしょうか。

A 実務上は、「仮に有利発行に当たるとしても」という前提で株主総会の特別決議を行うことが安全であると考えます。

※5 江頭憲治郎『株式会社法 第8版』331頁(2021、有斐閣)

1　有利発行の意義と手続

有利発行とは、Ⓐ募集新株予約権を無償で発行することが引受人にとって特に有利な条件である場合、またはⒷ払込金額が引受人に特に有利な金額である場合をいいます（会社法238③）。Ⓑの特に有利な金額とは、発行される新株予約権の公正な価額に比して有利性が明らかな場合をいうと解されています※6。

有利発行の場合、発行会社が上場企業のような公開会社である場合には（有利発行でなければ必要とならない）株主総会（の特別決議）を要します（会社法238③、240①、238②、309②六）。上場準備企業などの非公開会社でも、有利発行をする必要性について理由の説明が求められます（会社法238③）。

このため、有利発行該当性が問題になります。

2　無償ストック・オプションと有利発行

この点、無償でストック・オプションを発行する場合であったとしても、それだけではただちに会社法238条３項に規定する有利発行とはなりません(会社法238③一)。たとえ無償であったとしても、そのストック・オプションの付与によって、その価値に見合うだけの便益を会社が受けていると評価できる場合には、有利発行ではないと考えられます。

このため、発行決議時点で取締役が十分な分析・検討を行って合理的に判断しているという前提に立つ限り、一般的には有利発行手

※6　江頭憲治郎編『会社法コンメンタール　第６巻　新株予約権』〔吉本健一〕48頁・50頁（2009、商事法務）

続を要しないと解されるのが通常との見解もあります※7。

しかし、はたしてストック・オプションの付与によって、その価値に見合うだけの便益を会社が受けていると評価できるかどうかは微妙な解釈を要する問題です。こうしたことを受けて実務上は、有利発行にあたるとしても、という前提で決議を経ているケースも少なくないように思われます※8。

3 有利発行の手続違反

有利発行であるにもかかわらず、有利発行の場合に必要となる手続を経ずにストック・オプションを発行してしまうと、ストック・オプションの無効原因となる可能性や、違法な発行に関与した役員等については、任務懈怠責任（会社法423①）や、対第三者責任（会社法429①。主に株主に対する責任）、あるいは一般不法行為責任（民法709）が生じる可能性もあります。

もしも事後的に有利発行であること（またはそのおそれ）が判明した場合には、ストック・オプション発行が無効となるリスクや責任リスク等が生じ得る可能性なども考慮の上、判明した段階で、発行時点で経るべきであった手続を経ることなどを検討します。

こうした問題を避けるために、やはり有利発行かどうかは微妙な解釈問題であることを踏まえ、有利発行であるとの前提で決議を経ておくことが、実務上は無難であると考えます。

※7 松尾拓也ら編著『インセンティブ報酬の法務・税務・会計　株式報酬・業績連動型報酬の実務詳解』163頁（2017、中央経済社）

※8 税理士法人AKJパートナーズ編『立場別・ステージ別　ストック・オプションの活用と実務　第5版』85頁（2021、中央経済社）

Q16　ストック・オプション発行前に行う株式分割と株式無償割当て

Q　資本政策上、ストック・オプションの発行と同じタイミングで株式分割を行いたいと思いますが、どのような点に注意するべきでしょうか。

A　株式分割の効力を発生させる手続の履践、その効力発生日とストック・オプション発行日の前後関係について、明確にするよう注意します。自己株式がない場合などには、株式無償割当ての方法を検討します。

1　ストック・オプションの発行と株式分割

資本政策の観点からストック・オプションを発行するタイミングで、株式分割も行おうとすることがままあります。

ストック・オプションでは、そのストック・オプションの目的となる株式の数、これを前提にしたストック・オプションの評価額について、ストック・オプション発行の前提となる株式1株当たりの価値が問題になります。このため、ストック・オプション発行の際に株式分割をする際には、そのストック・オプションの発行が株式分割の後のものとして設計・評価することが重要であり、決議の取り方についても、ストック・オプションの発行は、株式分割の効力が生じたことをもって行うものであることを明確にしておくべきです。

また、株式分割に伴って、発行可能株式総数を増やすべき場合、通常必要となる総会決議を経ることなく手続することが例外的にできるものとされていますが（会社法184②）、会社が種類株式発行会社である場合には通常の場合どおりに総会決議を経なければならないため、注意が必要です（会社法466、309②十一）。

2　株式分割の手続とスケジュール

株式分割の手続は、以下のとおりです。

なお、以下は非上場会社を前提とする場合の手続であり、上場会社の場合には、これに適時開示や証券保管振替機構への通知などを要し、基準日の扱いについても上場規程上の定めがあるため、注意が必要です。

①　株式分割の取締役会決議（取締役会非設置会社の場合には株主総会の普通決議（一定の場合には種類株主総会決議（会社法322②））
②　必要となる場合は、発行可能株式総数を増加させる取締役会決議（一定の場合には株主総会決議（会社法184②、466、309②十一））
③　効力発生日の20日前までにする、損害を及ぼすおそれがある種類株主への通知または公告（会社法116①三イ・③・④）
④　基準日の２週間前までにする、決定事項の公告（会社法124③）
⑤　株式分割後の株主名簿の書換え

つまり、非公開会社（取締役会設置会社）であり種類株主総会を要しない場合には、取締役会決議を行った日に公告をし、それから中２週間を置いて、次の日を効力発生日とするのが通常の最短スケジュールとなります。

もっとも、株主および取締役全員の協力が得られるときには、最短１日で株式の分割を行うことも可能です。つまり、Ⓐ書面決議によって株主総会の決議を省略して（会社法319①）、株式分割の基準日をその株主総会の書面決議の日とする定款の定めを設ける定款変更を行うことにより、基準日公告を不要とするとともに（会社法

124③但書き)、Ⓑ取締役会の招集手続を省略して(会社法368②)、同日に取締役会を開催してその当日を効力発生日とする株式の分割の決議を行うという方法です。

バリュエーションの問題など、できる限り急いで発行したい、というような事情のあるときには、こうした方法を取ることもあります。

なお、ここでの定款変更はこうした緊急特別対応のためのものであり、株式分割後もずっと残しておくべきものではありません。そこで、例えば以下のとおり定めて手当しておきます。

【具体例】

(株式分割の基準日)
第●条の●
1　●年●月●日までに開催される●において決定する株式の分割の基準日は●年●月●日とし、同日●時現在の株主名簿の記載の株主をもって株式の分割により株式の割当てを受ける株主とする。
2　本条は、前項の基準日にかかる株式の分割の効力発生後、これを削除する。

3　株式分割と株式無償割当て

なお、株式分割と同様の結果を導く方法として、ほかに株式無償割当て(株主に無償で株式を割り当てること)の方法があります。例えば、発行済株式を10倍にしたい場合、株式分割では1株を10株に分割しますが、株式無償割当てでは1株に対して9株を無償で割り当てることをもって行うことができます。

以下の表のとおり、両者には違いもありますが、特に株式無償割当ては基準日の設定がそもそも不要ですので、株式分割のように株主全員の合意を要せずとも、最短1日で手続を完了させることができます。ただ、株式無償割当てには自己株式が増加しないという問題があり（会社法186②）、会社にとってはデメリットとなる側面もあります。

このため、実務上は、自己株式を発行していない会社の場合には、株式無償割当ての方法をもってするケースが多く見られます。

【株式分割と株式無償割当ての主な違い】

	株式分割	株式無償割当て
自己株式数増加	増加する	増加しない
自己株式の交付の可否	—	可能
基準日設定の要否	必要	不要
異なる種類株式の交付	—	可能

第2　税制適格ストック・オプション

Q17　税制適格ストック・オプションの意義や注意点

Q　税制適格ストック・オプションの発行を検討していますが、そもそもどのようなものか、また、発行の際にどのような点に注意すればよいか、教えてください。

A　税制適格ストック・オプションの意義や注意点は以下のとおりです。法令で定められた要件を漏れなく把握し、意義を正しく理解し、ミスをしないようにすることが大切です。

1　税制適格ストック・オプションの意義

税制適格ストック・オプションとは、租税特別措置法29条の2の要件を満たすストック・オプションのことで、課税のタイミングおよび税率の点で権利者に有利なものです。すなわち、税制適格ストック・オプションの場合には、課税のタイミングが株式売却時となり、税率についても譲渡所得として分離課税（20.315％）となる点で税制上のメリットを受けられるものです（無償の税制非適格ストック・オプションの場合には課税のタイミングはキャッシュの入ってこない権利行使時であり、税率は総合課税となって最大55.945％となります）。

付与時に払込みを要せず、税制上の負担も軽減することをもって、インセンティブ付けを強めるべき場合に用いられます。

このような税制適格ストック・オプションの恩恵を受けるためには、満たすべき要件があります。租税特別措置法29条の２や租税特別措置法施行令19条の３に定める要件がそれです。条文こそ少ないものの、多くの要件から成っています。要件を満たすかどうかは解釈の問題をもつため、誤った解釈を前提にしてしまえば税制適格になりません。

「税制適格ストック・オプションとして交付する」と伝えて従業員に付与したものが､税制非適格となってしまった場合､それによって従業員が課税の負担を負うとしたらどうなるでしょうか。割当契約書上で、「課税上の責任は従業員に帰属する」との条項を定めていても､「税制適格ストック・オプションである」と誤解させて付与した場合、その付与の経緯などによっては、はたしてその「課税上の責任は従業員に帰属する」との条項が必ず有効に機能するかは問題となります。そもそも、従業員が期待したキャッシュインを得ることができないときや、キャッシュイン前に行使時課税でキャッシュアウトが必要となったときには、今後のその従業員の勤労意欲には良からぬ影響が生じるおそれがあり、最悪の場合には退職・紛争にもなり得ます。

こうしたことから､税制適格ストック･オプションの設計に当たってはそれぞれの要件をまず網羅的に把握し、それぞれの要件の意義を理解し、ミスをしないようにすることが大切です。

２　利用に当たって心がけること

要件を一つひとつ整理し、正しい解釈の下で要件を充足することを確認しながら設計することです。また、税制適格ストック・オプションを利用するとどうしても解釈に疑義が出てくる場合や、そもそもの設計上税制適格ストック・オプションを利用することができない場合には、有償ストック・オプションの利用も検討します。

有償ストック・オプションだとその払込みを時価で行うことが必要となります。しかし、課税のタイミングは、キャッシュの入ってこない権利行使時ではなく株式売却時となり、加えて、総合課税ではなく譲渡所得として分離課税となります。このように、税制適格ストック・オプションの「縛り」を受けずに柔軟に設計したい場合には、有償ストック・オプションは選択肢になります。

Q18　税制適格ストック・オプションの要件

Q　税制適格ストック・オプションとして発行するための要件を教えてください。

A　以下では、それぞれの要件の基本的な点について解説します（個別の注意点については後述します）。

1　発行形態（新株予約権の払込み）

税制適格ストック・オプションとして発行するためには、発行形態（新株予約権の払込み）に条件があります。

これについては、会社法に基づき金銭の払込み（金銭以外の資産の給付を含みます）をさせないで発行された新株予約権であることが要件となります。

発行形態（新株予約権の払込み）について、報酬債権の相殺による方法も可能ですが、これが税制適格要件を満たすためには、一定の要件を満たす必要がある点、注意が必要です（Q19）。

2 付与対象者

また、付与対象者にも限定があります。

すなわち、付与対象者については下記(1)～(3)のいずれかに該当し、かつ(4)の条件を満たすことが要件となります。

(1) 株式会社または株式会社がその発行済株式（議決権のあるものに限る）もしくは出資の総数もしくは総額の50％を超える数もしくは金額の株式（議決権のあるものに限る）もしくは出資を直接もしくは間接に保有する関係等一定の関係にある法人の取締役、執行役もしくは使用人である個人

監査役や法人は対象者になることができません（監査役については社内人材を登用している場合など、誤解しやすい場合があるため注意が必要です）。一方、社外取締役は対象者になれます（社外人材であっても、取締役である以上対象になることが可能です）。外注先については、後述の社外高度人材の場合に限り対象になることができます。

(2) 上記(1)に掲げる者の相続人

死亡時点に限定があります。すなわち、被相続人である取締役、執行役、使用人である個人が死亡した時期が、新株予約権を行使できる期間内のものである場合に限り、相続人が対象者になることができます。

また、相続人は取締役、執行役、使用人の相続人に限定されます。

このため、社外高度人材の相続人は対象者になることができません。

(3)　社外高度人材（特定従事者）

社外高度人材（特定従事者）については、税制適格ストック・オプション制度の利用の要件や手続が少々込み入っており、一つひとつ丁寧に手続していかないと対象者になれない場合があるため、注意が必要です。

これに関する要件は、主に以下❶～❸のとおりです。

要件❶　新株予約権を発行する会社が認定新規中小企業者等に該当すること

要件❷　付与の対象となる者が、認定社外高度人材活用新事業分野開拓計画に従って行う社外高度人材活用新事業分野開拓に従事する社外高度人材であること

要件❸　付与の対象となる社外高度人材が、認定社外高度人材活用新事業分野開拓計画の実施時期の開始の日からストック・オプションの行使の日まで引き続き日本国内に居住すること

要件❶は、下記に掲げる要件Ⓐ～Ⓓのすべてを充足することが必要です。

Ⓐ　設立10年未満

Ⓑ　資本金10億円以下または従業員数2,000人以下

Ⓒ　非上場企業

Ⓓ　大規模法人グループの所有に属していない等

要件❷の社外高度人材は、下記に掲げる要件㋐～㋙のいずれかを充足することが必要です。

㋐　国家資格を保有（例：弁護士、公認会計士）

㋑　博士の学位を保有

㋒　高度専門職の在留資格を持って在留

㋓　上場企業（店頭売買有価証券登録原簿に登録されている企業を含む。以下同じ）で役員（取締役等）または重要な使用人として、1年以上の実務経験がある
㋔　上場企業以外の一定の会社の役員または重要な使用人として、1年以上の実務経験がある
㋕　将来成長発展が期待される分野の先端的な人材育成事業に選定され従事していた者
㋖　教授および准教授
㋗　過去10年間に、製品または役務の開発に２年以上従事し、かつ下記(a)～(e)のいずれかを満たす者
(a)　上場企業の従業員で、開発した製品または役務の売上高が、開発に従事していた期間内において、全事業の売上高の１％未満から１％以上まで増加
(b)　上場企業以外の従業員で、製品または役務の開発に従事していた期間に、全事業の売上高が２倍以上に増加し、かつ、20億円以上
(c)　上場企業以外の従業員または外部協力者で、開発した製品または役務の売上高が、開発に従事していた期間内において、２倍以上に増加し、かつ、当該期間の終了時点で２億円以上
(d)　上場企業以外の従業員で、製品または役務の開発に従事していた期間に、全事業の試験研究費等合計額が40%以上増加し、かつ、当該期間の終了時点で2,500万円以上
(e)　上場企業以外の従業員または外部協力者で、製品または役務の開発に従事していた期間に、開発した製品または役務に係る試験研究費等合計額が40%以上増加し、かつ、当該期間の終了時点で当該試験研究費等合計額が250万円以上
㋘　過去10年間に、製品または役務の販売または提供に２年以上従事し、かつ下記(a)(b)のいずれかを満たす者
(a)　上場企業以外の従業員で、製品または役務の販売または提供に従事していた期間に、全事業の売上高が２倍以上に増加し、かつ、20億円以上
(b)　上場企業以外の従業員または外部協力者で、当該製品または役務の売上高が、製品または役務の販売または提供に従事していた

期間内において、２倍以上に増加し、かつ、当該期間の終了時点で２億円以上

㋙　過去10年間に、資金調達に２年以上従事し、かつ下記◎の要件を満たす者

◎　上場企業以外の従業員または外部協力者で、当該期間の資本金等の額が、資金調達に従事していた期間内に、2倍以上に増加し、かつ、当該期間の終了時点で1,000万円以上

この者の相続人は対象者にはなれません。

なお、税制適格ストック･オプションの制度見直しの動きの中で、社外高度人材への税制適格ストック・オプションの活用をしやすくするため、現行法上必要になる中小企業等経営強化法による計画認定を経ることなく、税制適格ストック・オプションの付与を可能とするよう検討が行われています。

(4)　付与対象者としての要件を満たす要件

付与対象者としての要件を満たすためには、上記(1)〜(3)のいずれかに該当し、かつ、Ⓐ**大口株主**および大口株主のⒷ**特別関係者**に該当しないことが要件となります。

Ⓐ**大口株主**とは、「付与決議のあった日において上場会社の場合には発行済株式総数の10分の１を超える数、非上場会社の場合には発行済株式総数の３分の１を超える数の株式を有していた個人」を指します。

Ⓑ**特別関係者**とは、以下の者を指します。

- 配偶者
- 大口株主に該当する者の親族
- 大口株主と婚姻の届出をしていないが、事実上婚姻関係と同様の事情にある者、およびその者の直系血族

- 大口株主の直系血族と婚姻の届出をしていないが事実上婚姻関係と同様の事情にある者
- 上記以外の者で、大口株主に該当する者から受ける金銭その他の財産によって生計を維持している者、およびその者の直系血族
- 上記以外の者で、大口株主に該当する者の直系血族から受ける金銭その他の財産によって生計を維持している者

[3] 行使限度額条件

また、税制適格ストック・オプションとして発行するためには、その行使価額総額について条件があります。

すなわち、特定新株予約権を行使することにより、その年におけるその行使に際し払い込むべき額と、権利者がその年において既にしたこの特定新株予約権および他の特定新株予約権の行使に係る権利行使価額との合計額が、限度額（1,200万円～3,600万円）を超えないことが要件となります（限度額については[4](2)で後述）。

例えば、限度額が3,600万円のケースで、この合計額が3,600万円を超える場合、3,600万円を超えることとなる新株予約権の行使による株式の取得に係る経済的利益については、税制適格ストック・オプションのメリットを受けられません。

この3,600万円の計算方法については、その行使時の株価をもって計算するのではなく、権利行使価額によって計算されます。なお、税制適格ストック・オプション制度の利用のためには、行使価額を時価以上にすることが求められますが、その時価とはストック・オプションに係る契約締結時を基準時点とするものです。

また、限度額の計算は、その新株予約権だけではなく、発行会社単位でもなく、また１回のみで判断されるものでもありません。発

行会社を問わず１年のうちあらゆる特定新株予約権の行使の合計をもって判断されます。

この条件に反した場合、限度額を超えた部分の金額に対応する部分のみが税制適格ストック・オプションのメリットを受けられないというものではない点にも、注意が必要です。限度額を超過する際の権利行使全部が税制適格ストック・オプションのメリットを受けられなくなります。例えば、限度額が3,600万円のケースで、１回目に3,000万円分、２回目に700万円分の権利を行使した場合、3,600万円を超えた100万円に対してのみを対象とするのではなく、２回目の権利行使価額すべて（700万円）について税制適格ストック・オプションのメリットを受けられなくなります。

なお、スタートアップの人材獲得力向上の観点から、税制適格ストック・オプションの上限額については、撤廃を含めた条件緩和を検討する動きがある点に注意が必要です。

④　割当契約書上の条件等

また、税制適格ストック・オプションとして発行するためには、その新株予約権としての内容だけでなく、割当契約書上において定めることが求められているものもあります。具体的には次の(1)～(7)です。

(1)　新株予約権の行使は、新株予約権に係る付与決議の日後２年を経過した日から付与決議の日後10年（一定の場合には15年）を経過する日までの間に行わなければならないこと

これを定める必要があるため、行使期間の計算方法について、特に行使期間を最大限確保する設計の場合には間違いのないよう注意が必要です。

なお、付与決議の日とは、ストック・オプションの割当てに関する決議の日を指します（国税庁Q&A 8頁）。

令和5年度（2023年度）税制改正によれば、一定の株式会社が付与する新株予約権については、その付与決議日の後15年を経過する日までの間に行使すればよいものとされ、期間の上限が延長されています。この「一定の株式会社」とは、設立の日以後の期間が5年未満の株式会社で金融商品取引所に上場されている株式等の発行者である会社以外の会社であることその他の要件を満たすものをいうとされています。事業化に時間を要するディープテックや海外展開等を積極的に行うため、未上場期間を長く取り大きな成長を目指すスタートアップの人材獲得に寄与することを目的とする改正で、2023年4月1日から施行されています。

(2) 新株予約権の行使に係る権利行使価額の年間の合計額が限度額（1,200万円～3,600万円）を超えないこと

従来、限度額は一律1,200万円とされてきましたが、令和6年度（2024年度）税制改正により、会社の設立年数と上場・非上場等の別によって、以下表のとおり限度額が分けられることになりました。

設立期間	上場・上場期間	限度額
設立5年未満	—（上場・非上場問わず）	2,400万円
設立5年以上20年未満	非上場	3,600万円
	上場から5年未満	3,600万円
	上場から5年以上	1,200万円
設立20年以上	—（上場・非上場問わず）	1,200万円

そして、令和６年度（2024年度）税制改正に係る経過措置として、2024年３月31日以前に締結された割当契約（改正前の措法29の２①に規定する契約であって、同条１項各号に掲げる要件が定められていたものに限ります）についても、2024年12月31日までであれば割当契約書を変更して限度額を引き上げることが可能とされています。

行使限度額の要件は、運用レベルの問題だけではなく、割当契約書にもその旨を定めなければなりません。

⑶　新株予約権の行使に係る一株当たりの権利行使価額は、新株予約権に係る契約を締結した株式会社の株式の契約の締結の時における一株当たりの価額に相当する金額以上であること

これは、権利行使価額を時価以上の額としなければならないとする要件ですが、非上場会社の場合その株式の時価は一義的に導かれるものではないため、時価算定方法に誤りがないか注意が必要です。資金調達が迫っている状況下で行われたものなど、バリュエーションが変わり得る場面に近接している場合には、特に要注意です。

また、この要件については、特にスタートアップにとって重要な制度変更があることにも注意が必要です（Q20）。

なお、「契約の締結の時」については、ストック・オプションの付与に係る契約の締結の日が、ストック・オプションの付与決議の日やストック・オプションの募集事項の決定の決議の日から６月を経過していない場合には、これらの決議の日として差し支えないものとされています（「国税庁Q&A」８頁、10頁）。

⑷　新株予約権については、譲渡をしてはならないこととされていること

これは譲渡制限（**Q08**）ではなく、譲渡禁止の趣旨を定めなければいけないという意味であることに注意が必要です（**コラム９**（244頁）参照）。

⑸　新株予約権の行使に係る株式の交付が交付のために付与決議がされた会社法238条１項に定める事項に反しないで行われるものであること

決議によって定められた事項（募集事項）に反して株式を交付することはできません。

⑹　新株予約権の行使により取得をする株式につき、以下の要件のいずれかを満たすこと

保管委託要件と呼ばれるものです。以下①②のいずれかの方法をもって株式を管理する必要があります。

> ①　行使に係る株式会社と金融商品取引業者または金融機関等との間であらかじめ締結される新株予約権の行使により交付をされる株式会社の株式の振替口座簿への記載もしくは記録、保管の委託または管理および処分に係る信託に関する取決めに従い、取得後ただちに、金融商品取引業者等の振替口座簿に記載もしくは記録を受け、保管の委託もしくは管理等信託がされること。
>
> ②　行使に係る株式会社と新株予約権を与えられた者との間であらかじめ締結される新株予約権の行使により交付をされる株式会社の株式（譲渡制限株式に限る）の管理に関する取決めに従い、取得後ただちに、株式会社により管理がされること。

発行会社が非上場会社である場合において、税制適格ストック・オプションの行使条件に上場条件がない場合には、未上場段階で税

制適格ストック・オプションが行使される場合があり得ます。このとき、税制適格ストック・オプションに該当するためには、上記いずれかの要件を満たす必要があります。

①の要件について発行会社が未上場かつ株券不発行会社であるときには、契約等に基づき、発行会社から金融商品取引業者等に対して株式の異動情報が提供され、かつ、発行会社においてその株式の異動を確実に把握できる措置が講じられている場合には、株券の発行および株券の金融商品取引業者等への引渡しをせずとも、保管委託要件を満たすとされています（詳細は**Q26**、**コラム4**（101頁）参照）。

②の要件は、令和6年度（2024年度）税制改正によって新たに設けられたものです。発行会社と付与対象者との間で締結される「取決め」については、Ⓐ取決めに係る契約が権利者の別に締結されるものであること、Ⓑ発行株式会社が、新株予約権の行使により交付をされる株式につき帳簿を備え、権利者の別に、株式の取得その他の異動状況に関する事項を記載し、または記録することによって、同一銘柄の他の株式と区分して管理をすること、Ⓒその他の政令で定める要件が取決めによって定められていることが求められています（措法29の2①六ロ）。Ⓑの帳簿には、帳簿の作成日や株式の取得日・譲渡日等を記載する必要があります（措令19条の3⑨、経済産業省告示69号1条2号）。Ⓒについて、株式の譲渡は、金融商品取引業者等への売委託または法人に対する譲渡（譲渡の対価の支払いを受ける場合に限ります）により行うことを定める必要があります（措令19条の3⑨、経済産業省告示69号1条3号）。また、発行会社による「管理」については、株式の取得その他の異動状況に関する事項を帳簿に記載または記録するとともに、付与対象者に対して帳簿の写しを交付すること等が求められています（措令19条の3

⑩、経済産業省告示69号２条)。①の要件とは異なり、発行会社で管理が完結しますので、①に比べてさらに利用しやすくなりました。

令和６年度（2024年度）税制改正に係る経過措置として、2024年12月31日までに②の要件について定めるように割当契約書を変更した場合には、2024年３月31日以前に締結された割当契約（改正前の措法29の２①に規定する契約であって、同条１項各号に掲げる要件が定められていたものに限ります）についても、②の要件に定める管理方法をもって税制適格ストック・オプションの要件を満たすこととされています。

(7)　社外高度人材に対して新株予約権を付与する場合には、割当契約書に以下の内容も盛り込んでいること

① 契約を締結した日から新株予約権の行使の日までの間において国外転出をする場合には、国外転出をする時までに新株予約権に係る契約を締結した株式会社にその旨を通知しなければならないこと。

② 認定社外高度人材活用新事業分野開拓計画につき新株予約権の行使の日以前に認定の取消しがあった場合には、新株予約権に係る契約を締結した株式会社は、速やかに、その者にその旨を通知しなければならないこと。

5　行使する際の条件

以上のような設計条件に加えて、実際行使する際にも以下の要件を満たさないと、税制適格ストック・オプションの恩恵は受けられません。

① 権利者（その者が権利承継相続人である場合には、その者の被相続人である取締役等）が特定新株予約権に係る付与決議の日において行使に係る株式会社の大口株主および大口株主の特別関係者に該当しなかったことを誓約する書面を株式会社に提出したこと。
② 権利者が、特定新株予約権の行使の日の属する年における権利者の他の特定新株予約権の行使の有無（他の特定新株予約権の行使があった場合には、行使に係る権利行使価額およびその行使年月日）その他財務省令で定める事項を記載した書面を行使に係る株式会社に提出したこと。

社外高度人材の場合は行使時には、以下の点も要件となります。

③ 権利者が、権利者に係る認定社外高度人材活用新事業分野開拓計画の実施時期の開始等の日から行使の日まで、引き続き居住者であったことを誓約する書面を株式会社に提出したこと。
④ 株式会社が、権利者に係る認定社外高度人材活用新事業分野開拓計画につき、中小企業等経営強化法９条２項の規定による認定の取消しがなかったことを確認し、権利者から提出を受けた上記②の書面に確認をした事実を記載し、または記録したこと。

なお、上記①〜③の書面提出については、令和６年度（2024年度）税制改正により、書面の提出に代えて、書面に記載すべき事項を電磁的方法で提供することでも対応可能となりました。

Q19　金銭の払込みをさせないという要件に係る注意点

Q 税制適格ストック・オプションの発行を検討しています。割当て時に対価を要求した上で対象者に付与した金銭債権を相殺してその対価の履行とし、割り当てるような場合にも、税制適格ストック・オプションは利用できますか。

A 利用できます。ただし、一定の要件を満たす必要があります。

税制適格ストック･オプションの恩恵（Q17）を受けるためには、満たすべき要件があります。租税特別措置法29条の２や租税特別措置法施行令19条の３に定める要件がそれです。

ここでは要件の一つである「会社法に基づき金銭の払込み（金銭以外の資産の給付を含む）をさせないで発行された新株予約権であること」について、その注意点を解説します。

ストック・オプションの割当てに際しては、払込みを要求した上で、新株予約権に係る金銭の払込みに代えて、報酬債権をもって相殺する方法により割り当てることがありますが、これは有償発行の一形態と整理されています。一方で、税制適格ストック・オプションの要件に上記のような要件があり、一部では「無償税制適格ストック・オプション」などとも呼ばれていることから、こうした有償発行の形態を取った場合、税制適格とは認められないのではないかとの混乱を招くことがあります。

結論からいうと、このような場合でも税制適格ストック･オプション制度を利用することは可能です。

法令上、税制適格ストック・オプション制度において、「無償」であることは要件となっていません。あくまでも「金銭の払込み(金銭以外の資産の給付を含む）をさせない」ことが要件です。

ストック・オプションの発行形態には、無償発行（金銭の払込みを要しないもの）と有償発行がありますが、このうち有償発行は、Ⓐ金銭の払込みが行われるもの、Ⓑ金銭の払込みに代えて金銭以外の財産を給付するもの、Ⓒ会社に対する債権をもって相殺するものに区分されています。

そして、あらかじめストック・オプションの払込みに当てることを前提として付与した債権を相殺に供することについては、「金銭の払込み（金銭以外の資産の給付を含む）をさせない」ものであると解釈されています※9。したがってこの場合には、付与契約に一定の要件を定めるなど税制適格要件を満たす場合には、税制適格ストック・オプションの対象となります。

この点、相殺であれば一律税制適格ストック・オプションの対象となるのか、あらかじめストック・オプションの払込みに当てることを前提として付与した債権を相殺する場合に限定されるのかは、解釈が明らかではありません。

インセンティブとして付与する場合、通常は後者の設計にすると思われますが、その場合には払込みに充てる金銭債権の性質があらかじめストック・オプションの払込みのために付与されたものであることを書面上も明記しておく方が安全かもしれません。

Q20　税制適格ストック・オプションの行使価額の評価方法（新株価算定ルール）

Q　税制適格ストック・オプションの行使価額は時価でなければならないとのことです。ストック・オプションの行使価額の評価方法に、新株価算定ルールが設けられると聞きました。どのようなものでしょうか。

※9　国税庁「金銭の払込みに代えて報酬債権をもって相殺するストックオプションの税制適格の要否」

A ストック・オプション付与時の株価算定に関する新しいルールが示されたことによって、未上場の場合には「配当還元方式」や「純資産価額方式」と呼ばれる算定方法の採用が認められる場合があることが明らかとなりました。「純資産価額方式」で算定する場合には、純資産から、優先株式の優先分配部分を引いた額を基にしたやり方で株価を算出してもルール違反ではないものとされます。こうした新株価算定ルールによって、従来の手法よりもかなり低く株価が設定できることが明らかになりました。

1　新株価算定ルールの概要

2023年７月７日付の「「租税特別措置法に係る所得税の取扱いについて」の一部改正について（法令解釈通達）」および「「所得税基本通達の制定について」の一部改正について（法令解釈通達）」によって、ストック・オプションの付与に係る契約時の株価は、所得税基本通達23～35共－９の例によって算定されることが原則とされることが明確化されました（以下「**原則方式**」といいます）。

ただし例外として、その株式が取引相場のない株式であり、税制適格ストック・オプションの権利行使価額に関する要件に係る付与契約時の株価の算定においては、原則方式によらず、財産評価基本通達の例によって算定することもできるものとされます（以下「**特例方式**」といいます）。

【株式の区分ごとの株式の価額（原則方式・特例方式の選択の可否）】

<table>
<tr><th colspan="3" rowspan="2">区分</th><th colspan="2">株式の価額</th></tr>
<tr><th>原則方式</th><th>特例方式</th></tr>
<tr><td rowspan="5">株式</td><td rowspan="2">取引相場のある株式</td><td>上場株式</td><td>取引相場価額</td><td rowspan="2">選択不可</td></tr>
<tr><td>気配相場等のある株式＊1</td><td>気配相場価額
公募等の価額</td></tr>
<tr><td rowspan="3">取引相場のない株式</td><td>売買実例のある株式＊2</td><td>売買実例価額</td><td rowspan="3">選択可＊4</td></tr>
<tr><td rowspan="2">売買実例のない株式</td><td>類似会社の株式の価額</td></tr>
<tr><td>純資産価額等を参酌して算定した価額＊3</td></tr>
</table>

（国税庁Q&Aおよび2023年7月7日付改正通達を基に作成）

＊1　**気配相場等のある株式**とは、次の株式をいう。

○　登録銘柄として登録されている株式および店頭管理銘柄として指定されている株式

○　公開途上にある株式および日本証券業協会が株式を登録銘柄として登録することを明らかにした日から登録の日の前日までのその株式

＊2　**売買実例のある株式**とは、最近（概ね6か月以内）において売買の行われた株式をいい、1事例であっても売買実例に当たる。なお、増資は売買実例として取り扱うが、その株式を対象とした新株予約権の発行や行使は、売買実例には該当しない。その株式の発行法人が、種類株式を発行している場合には、株式の種類ごとに売買実例の有無を判定する。

＊3　**純資産価額等を参酌して算定した価額**については、一定の条件の下、財産評価基本通達の例によって算定した価額とすることができるが、特例方式と異なり、著しく不適当と認められる場合、例えば、財産評価基本通達の例により算定した普通株式の価額が会計上算定した普通株式の価額の2分の1以下となるような場合には、選択することはできない。

＊4　特例方式での算定に当たり、発行会社が種類株式を発行している場合には、その種類株式の内容を勘案して、個別に普通株式の価額を算定することとなる。普通株式に転換することが予定されている種類株式であっても、付与契約時に種類株式であれば、種類株式として取り扱う。例えば、優先株式を発行している場合には、その優先分配額を差し引いた残額をベースに普通株式の価額を算定することとなる。なお、いわゆるJ-KISS型新株予約権などの残余財産の優先分配を受けることのできる新株予約権については、残余財産の優先分配を受けることのできる優先株式として取り扱って差し支えないものとされている。

これについて重要な点は、Ⓐ税制適格ストック・オプションの権利行使価額について非上場会社の場合には、たとえ直近に増資がある場合や売買実例のある株式であっても財産評価基本通達（配当還元方式や純資産価額方式）によって算定できる点と、Ⓑスタートアップが発行している他の種類株式の発行価額を、権利行使価額に反映させなくてよいことが明確となった点です。これらにはセーフハーバー・ルールとしての意味合いがあります。

これによって、例えばストック・オプション発行前に、財産評価基本通達上の評価額よりも高い価額で売買や新株発行が行われていたとしても、財産評価基本通達のラインを超えてさえいれば、税制適格ストック・オプションの権利行使価額の要件は満たすものと扱われるということになります。

また、現行法上、ストック・オプションの発行を取締役会に委任する場合には、株主総会で権利行使価額を定めた上で行わなければなりませんが（会社法239①一、236①二）、取締役会での発行時点で株価が株主総会で定めた権利行使価額を超えてしまっている場合には、そのままだと税制適格ストック・オプションとして認められるための要件を満たさないため、再度株主総会の開催を要してしまうという問題に備えて、あえて高めに権利行使価額を設定する場合もあります。特にスタートアップの場合は、会社が急速に成長するなど短期間で株価が大きく上昇することがあるため、評価時点からストック・オプションの発行時点までに時価が変わり得るものです。このため、実際に設定する権利行使価額は、その評価時点の時価よりもあえて高めにすることがこれまでは通常でした。この点、従来よりも税制適格ストック・オプションの権利行使価額を小さくできるようになったことで、株主総会で決めた権利行使価額が、取締役会に委任できる１年間の枠取り期間中、ストック・オプション付与時の普通株式の価格以上としやすくなることも期待でき、これによって株主総会をなんども開かなければならないという課題も解消される可能性もあります。

現行法上の上記の課題については、見直しが行われています（詳細は**コラム1**（47頁）参照）。具体的には、2024年通常国会において、設立15年未満の会社を対象に、権利行使価格や権利行使期間等の決定を取締役会に委任できるようにするとともに、取締役会に委任できる期間の制限を撤廃するための法案（産業競争力強化法の改正案）が審議中です（2024年3月時点）。この改正が行われた場合、権利行使価額を定めるために株主総会を何度も開かなければならないという課題が解消され得るものとなります。

2　新株価算定ルール創設の経緯

税制適格ストック・オプションとして認められるためには、新株予約権の行使に係る１株当たりの権利行使価額について、１株当たりの価額に相当する金額以上とすること、要するに時価以上とすることが必要です。

しかし、従来はこの時価評価の方法についてルールが示されておらず、特に種類株式（優先株式）を発行しているスタートアップの株式評価に関する実務には不安定な面がありました。このため、上場がどれぐらい近いか、直近での資金調達の有無、セカンダリーの取引価額など、様々な要素を考慮して時価評価を行っていました。

このようにセーフハーバーとしての株価算定ルールが明示されていなかったために、税制適格ストック・オプションの発行や役職員等へのインセンティブ目的での株式の付与等において不安定な税務実務になっていることを踏まえて、米国IRC409Aの日本版として、ルールや指針の策定を目指す動きがありました。

こうした状況の中、国税庁は、2023年５月30日に「租税特別措置法に係る所得税の取扱いについて」（法令解釈通達）の一部改正（案）を公表し、税制適格ストック・オプション付与時の株価算定に関する新しいルール案を示しました。

3 新株価算定ルールのスタートアップでの意義

財産評価基本通達は、相続税や贈与税の計算の基礎となる財産評価のためのルールです。非上場会社株式については、配当還元方式と純資産価額方式の評価方法が重要です。

配当還元方式とは、同族株主以外の株主および同族株主のうち一定の少数株式保有者が取得した株式について過去２年間の平均配当金額を10％の利率で還元して、元本である株式の価額を求めようとする特例的評価方法です。原則的評価方式と比較すると、大きく株価が下がることが通常です。

純資産価額方式とは、資産と負債を財産評価基本通達に基づく時価で評価した上で、算定される純資産価額を株式数で除して得た金額をもって時価と評価するものです。この評価については、直前期末の決算に基づいて行うことが許されています。ただし、Ⓐストック・オプションの付与契約日が直前期末から６か月を経過し、かつ、その日の純資産価額が直前期末の純資産価額の２倍に相当する額を超えている場合や、Ⓑ直前期末からストック・オプションの付与契約日までの間に、株式を発行している場合には、ストック・オプションの付与に係る契約時に仮決算を組んで算定する必要があります。なお、Ⓑの場合には、直前期末の純資産価額に、株式の発行の際に払込みを受けた金額を資産の額に加算して、純資産価額を算定して差し支えないものとされています（国税庁Q&A）。

この純資産価額方式について、2023年７月の租税特別措置法関係通達の改正では、「純資産価額方式を計算する際に、優先株式の優先分配部分を控除して１株当たりの普通株式を計算できること」を示しています。非上場会社のうち多くのスタートアップの資金調達では優先株式を発行して行っているため、ストック・オプションの目的とする普通株式の評価額は相当に下がります。例えば、計算例は以下のとおりです。

【すべての普通株式の場合】

計　算　例　①

税制適格ストックオプションを付与する期の
直前期末のB/S（相続税評価（時価）ベース）

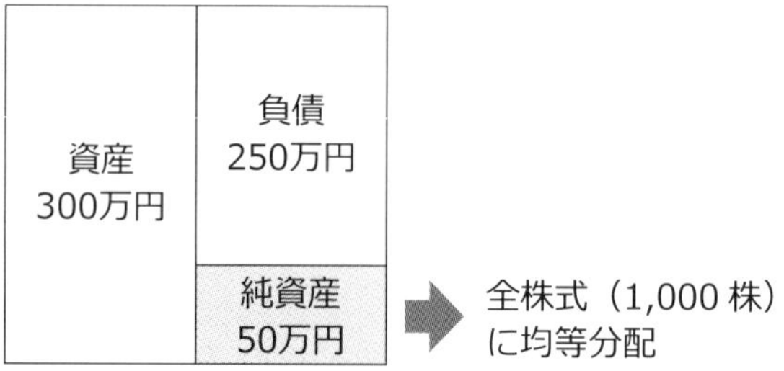

●財産評価基本通達の例により算定した
１株当たりの株価（セーフハーバー）

【純資産価額方式の場合】
50万円 ÷1,000株＝500円

【優先株式（１Ｘ＋参加型）の場合】

計　算　例　②

税制適格ストックオプションを付与する期の
直前期末の B/S（相続税評価（時価）ベース）

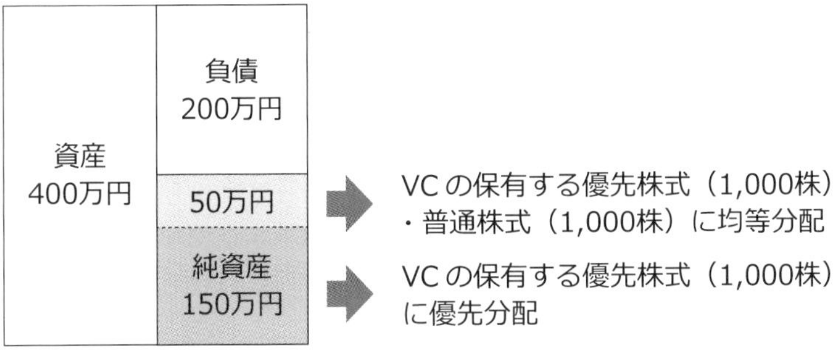

●財産評価基本通達の例により算定した
１株当たりの株価（セーフハーバー）

【純資産価額方式の場合】
・優先分配分　　：150万円 ÷1,000株＝1,500円
・均等分配分　　：　50万円 ÷2,000株＝　250円
・普通株式の価額：　250円
・優先株式の価額：1,750円

(出典：「国税庁と経済産業省によるスタートアップの経営者や支援者のためのストックオプション税制説明会」資料より抜粋)

このように、未上場のスタートアップが発行する税制適格ストック・オプションの１株当たりの権利行使価額は、これまでの実務に比べて相当低額に抑えることが可能となります。

特に、これまでの実務では、純資産価額方式で算定する場合、優先株式も含めて算定していましたが、短時間での飛躍的成長のために多くの資金拠出をしているスタートアップでは、全体の純資産価額から優先株式部分を控除すると、普通株式の純資産価額はマイナスになることもあり、この場合の行使価額は備忘価額１円となります。多くのスタートアップが債務超過であると思われ、また最近ではほとんどのスタートアップが優先株式を発行して資金調達していると思われます。このため、純資産価額方式で価値算定して優先分配額分を控除すると、多くのケースで普通株式は備忘価額になるでしょう。

権利行使価額が低いほど、行使した際に得られる利益は多くなるため、インセンティブを強めることが期待できます。また、発行時期による時価の変動幅が穏やかになるため、付与時期の違いによる不平等の問題も緩和されるでしょう。

コラム２　税制非適格ストック・オプションの課税額を算定する際における「経済的利益」

税制非適格ストック・オプションであったとしても、これを行使して取得した株式の価額について、所得税基本通達 23～35 共 -9 の例により算定することが明確になりました（国税庁 Q&A)。

つまり、税制非適格ストック・オプションであったとしても、非上場時点で行使を認める場合には、その経済的利益は、財産評価基本通達に基づいて計算されます。

このため、ストック・オプション行使時で課税が生じる税制非適格ストック・オプションであったとしても、そこでの給与所得の計算は比較的低額となって、課税負担も比較的低額に抑えられるものと思われます。

Q21　行使価額の評価方法（新株価算定ルール）と会計上の問題

Q　行使価額の評価方法（新株価算定ルール）が設けられたことで、税制適格ストック・オプションは利用しやすくなるという理解でよいでしょうか。税務だけでなく会計上の問題はどうでしょうか。

A　税務上は増資やセカンダリー価額の影響とは独立して算定されるため、結果として行使価額を非常に低く抑えられる点で利用しやすくなります。一方、会計上は増資等の価額を参照して本源的価値を算出することになるため、発行会社の状況次第では、多額の株式報酬費用が計上されることになり、P/L上大きな赤字が発生する可能性があります。

Q20のとおり、税制適格ストック・オプションについては、その権利行使価額算定ルールが明確化されたことによって、相当に活用しやすくなることが期待されます。

一方、会計上の課題がある点には注意が必要です。

これまで、日本会計基準では、未上場企業の会計処理については、税制適格ストック・オプションの権利行使価額を株価以上とすることで、本源的価値をゼロ（つまり費用計上なし）として取り扱ってきました。

しかし、例えば権利行使価額が備忘価額である場合など、非常に低額である場合、本源的価値をゼロとしてよいか、権利行使価額が非常に低額になった場合に、会計上、株式報酬として費用計上する必要があるかが論点となります。

この点、日本公認会計士協会は2023年６月27日、以下のとおり見解を公表しました。

> （略）非上場企業が従業員等に対して当該ストック・オプションを付与した場合、一般に公正妥当と認められる企業会計の基準に基づく財務諸表においては、「自社株式の評価額（A）」と「行使価格（B）」の差額として計算される「本源的価値（C）」に相当する額を株式報酬費用として費用計上することになる。ここでいうところの「自社株式の評価額」と、財産評価基本通達の例により算定された価額は、必ずしも一致するものではない。そのため、仮に、「自社株式の評価額（A）」が、財産評価基本通達の例により算定された「契約時の１株当たりの価額」以上の価額で設定された「行使価格（B）」を上回っている場合には、会計上は、その差額（C）について費用計上することになる。

（日本公認会計士協会「国税庁「「租税特別措置法に係る所得税の取扱いについて」（法令解釈通達）等の一部改正（案）」に対する意見」）

つまり、公認会計士協会の見解は、新株価算定ルールに基づくものであったとしても、本源的価値が観念される限り、費用計上が必要になるというものです。

費用計上されることによって、税制適格ストック・オプションの利用に問題が生じる可能性があります。多額の株式報酬費用が計上されると、損益計算書上大きな赤字が発生することになりますが、そうなると、IPOプロセスにも大きな影響が生じ、場合によってはIPO後の資本政策にも影響が出かねません。

結局のところ、税制適格ストック・オプションが税務上使いやすくなったのは間違いないものの、上場準備中など発行会社の状況によっては会計上のインパクトが非常に大きくなる場合があるため、そうなってしまうと税制適格ストック・オプションを利用できない場面もあり得るところです。

Q22　税制適格ストック・オプションを行使する際の注意点

Q　税制適格ストック・オプションの行使に当たり、注意することはありますか。

A　租税特別措置法が定める内容を誓約し、これを記載した書面を提出しなければ、税制適格ストック・オプションとはなりません。

ストック・オプションの内容や割当契約書以外に、行使の方法にも注意が必要です。そのうち権利行使価額が限度額（1,200万円～3,600万円）を超えてはならない点は上記のとおりですが（Q18）、他にも行使の際に注意すべきことがあります。

すなわち、下記❶のとおり大口株主またはその特別関係者に該当しないことの誓約書面を提出することと、下記❷のとおりストック・オプションを行使した年における他の特定新株予約権等の行使の有無や、その権利行使価額・行使年月日等を記載した書面を提出することが求められます。高度人材の場合には、下記❸の書面も必要となります（措法29の２②）。

なお、令和６年度（2024年度）税制改正により、下記❶～❸については書面の提出に代えて、書面に記載すべき事項を電磁的方法で提供することでも対応可能となりました。

❶　誓約書面要件

権利者（その者が権利承継相続人である場合には、その者の被相続人である取締役等）が特定新株予約権に係る付与決議の日において行使に係る株式会社の大口株主および大口株主の特別関係者に該当しなかったことを誓約する書面を株式会社に提出したこと。

❷　行使状況書面要件

権利者が、特定新株予約権の行使の日の属する年における権利者の他の特定新株予約権の行使の有無（他の特定新株予約権の行使があった場合には、行使に係る権利行使価額およびその行使年月日）その他財務省令で定める事項を記載した書面を、行使に係る株式会社に提出したこと。

❸　社外高度人材の場合に必要となる書面の要件

○　権利者が、権利者に係る認定社外高度人材活用新事業分野開拓計画の実施時期の開始等の日から行使の日まで引き続き居住者であったことを誓約する書面を、行使に係る株式会社に提出したこと。

○　行使に係る株式会社が、権利者に係る認定社外高度人材活用新事業分野開拓計画につき中小企業等経営強化法９条２項の規定による認定の取消しがなかったことを確認し、権利者から提出を受けた上記❷の書面に確認をした事実を記載し、または記録したこと。

Q23 株式の時価譲渡が擬制される場合に係る注意点

Q 税制適格ストック・オプションを権利行使して、株式を所定の口座で管理しています。売買するまで課税は生じないようにしていますが、売買をしない場合でもこの株式に課税されてしまう場合があると聞きました。どのような点に注意するべきでしょうか。

A 管理口座を変更しないようにすることが重要です。

税制適格ストック・オプションの場合には、税制上のメリットを受けられます。その一つが課税のタイミングです。具体的には、無償の税制非適格ストック・オプションのようにキャッシュの入ってこない権利行使時ではなく、株式売却時となります。

しかし、これには注意点があります。

権利行使により取得した株式について、税制適格ストック・オプションとしての要件を満たす一つの方法として従来から実施されていたのが、所定の金融商品取引業者の振替口座で管理する方法です(措法29の2①六イ)。この点、ここから引出しや返還・移転があった一定の場合には、その時における時価譲渡があったとみなされて課税が生じます(措法29の2④)。

この管理口座である振替口座簿等への記載等の終了、贈与・相続・遺贈、時価より低い譲渡に課税がなされますが、特に実務上問題になりやすいのが、他の口座への移転です。例えば、会社都合または個人都合によって他の金融機関の口座に変えようとするときには、特定株式を管理口座から引き出して他の金融商品取引業者の口座に移しますが、その時点で時価譲渡が行われたものとみなされる可能性があるため、実際はキャッシュインしていないにもかかわらず課税が生じるおそれがあります。

また、令和６年度（2024年度）税制改正によって追加された、発行会社によって株式を管理する方法（措法29の２①六ロ）についても、発行会社による管理に係る契約の解約・終了、贈与・相続・遺贈、時価より低い譲渡が行われた場合に課税が生じます。そして、このときに問題になり得るのが、発行会社による管理に係る契約に基づく管理が行われなくなったと判断された場合です。この判断がされた場合、その時点で時価譲渡が行われたものとみなされる可能性があり、金融機関などに保管委託を行う場合と同様に実際はキャッシュインしていないにもかかわらず課税が生じるおそれがあります。どのような場合に管理が行われなくなったと判断されるかという点については、本書執筆時点で明らかにされておらず、今後の動向に注意が必要です。

対象者が期待したキャッシュインを得ることができない点や、キャッシュイン前に行使時課税でキャッシュアウトが必要となった場合には、今後のその勤労意欲には良からぬ影響が生じるおそれがあります。

ストック・オプション行使後における株式の管理口座の設定や管理方法の変更については、十分な注意が必要です。

コラム3　新株価算定ルールとインセンティブ性

財産評価基本通達に基づく純資産価額方式などでの算定が認められるにいたった結果として、行使価額1円（備忘価額）の税制適格ストック・オプションを発行できる可能性がアーリーステージだけでなく、レイターステージまで幅広く広がりました。

従来の税制適格ストック・オプションでは、リスクとリターンの関係で、創業の早い段階でコミットした形になっていることが、リターンを大きくさせる要素であり、それが役職員にとってのアーリーステージ企業の魅力になっていました。つまり会社側から見ると、資金力に乏しく優秀人材採用のための予算を用意できないアーリーステージ企業が、アーリーステージだからこそリターンが大きくなる見込みのあるストック・オプションを用意することで、優秀人材を獲得できるチャンスを得る、という構造がありました。

しかし、これが、レイターステージでの企業でも同様のことになってしまうと、アーリーステージ企業は優秀人材の採用が難しくなってしまいます。採用される役職員の側からすればわざわざリスクの高いアーリーステージ企業に採用されるよりも、「勝ち馬」になる可能性の高いレイターステージの企業に採用されることを望むのが自然なことであるからです。

こうした構造を考慮すると、アーリーステージ企業は、創業初期に入った人へのストック・オプション分配を多めにすることなど、優秀人材採用の魅力づくりを工夫する必要が出てくると考えます。

Q24　内容の変更と税制適格要件

Q　税制適格ストック・オプションとして発行しましたが、その後その内容を変更する必要が生じました。内容を変更することで、税制適格性はどのように扱われるでしょうか。

A　税制適格要件を満たすために必要な条件として定めた内容を事後的に変更すると、税制適格性を喪失する場合があります。

税制適格要件を満たすためには、当該新株予約権の行使に係る株式の交付がストック・オプションの「内容」(当該交付のために付与決議がされた会社法238条１項に定める事項) に反して株式を交付してはならないとされています (措法29の２①五)。

そして、国税庁は、発行当初の付与契約の内容に従ってストック・オプションが行使されているかを重視しています (国税庁「吸収合併により消滅会社のストックオプションに代えて存続会社から交付されるストックオプションについて権利行使価額等の調整が行われる場合」)。

そのため、事後的にストック・オプションの「内容」を変更・追加してしまうと、税制適格性が否定される可能性があります。

ただし、2023年７月の租税特別措置法関係通達の改正により、税制適格ストック・オプションの要件を満たしている契約について、同通達改正後に権利行使価額を引き下げる契約変更を行った場合で、かつ、この契約変更後の権利行使価額が同通達に定めた権利行使価額に関する要件を満たしている場合については、変更によって税制適格性は失われないものと整理されました（国税庁Q&A17頁）。

また、上記の通達に基づく契約変更とは別に、租税特別措置法の改正に伴う契約変更についても、税制適格性を失わせるものではないとされています。すなわち、令和６年度（2024年度）税制改正により、保管委託要件の一部緩和や年間行使価額の限度額の引上げが行われました（詳細はQ18参照）。同改正に係る経過措置として、2024年12月31日までの間に、上記改正された点に関して割当契約書を変更した場合には、2024年３月31日以前に締結された割当契約（改正前の措法29の２①に規定する契約であって、同条１項各号に掲げる要件が定められていたものに限る）についても、改正された内容（保管委託要件については発行会社による管理、年間行使価額については最大3,600万円までの拡充）をもって税制適格ストック・オプションの要件を満たすこととされています。つまり、当該経過措置に基づく契約の変更によっても税制適格性は失われないとされています。当該契約変更については、上記の通達の改正とは異なり、期間制限（2024年12月31日まで）が設けられている点に注意が必要です。

なお、税制適格ストック・オプションについては、「当該新株予約権の行使に係る株式の交付が当該交付のために付与決議がされた会社法238条１項に定める事項に反しないで行われるものであること」も要件とされているため（措法29の２①五）、契約変更後のストック・オプションの「内容」が、付与決議で定めたストック・オプションの「内容」に反することとなる場合には、当該「内容」を変更する決議も必要になります（国税庁Q&A17頁）。

Q25　途中から税制適格要件を満たす内容への変更の可否

Q 税制適格ストック・オプションとして発行したつもりでしたが、どうやら税制適格ストック・オプションとしての要件を満たしていないことが判明しました。いまからでも正しい要件に変更して税制適格ストック・オプション制度を利用したいと思うのですが、可能でしょうか。

A 発行後のストック・オプションの内容を変更して税制適格ストック・オプションとすることはできません。

国税庁への照会案件に次のようなものがあります(国税庁「ストックオプション契約の内容を税制非適格から税制適格に変更した場合」)。

まず、A社のストック・オプション契約には、1年間の権利行使価額の上限を1,200万円とするなど税制適格要件を満たす契約と、2年間の権利行使価額の上限がない税制適格要件を満たさない契約があり、付与対象者とされた取締役等がいずれかを選択できるようになっていました。そして、取締役Bは、税制適格要件を満たさない契約を締結していましたが、権利行使前に税制適格要件を満たすように変更する契約を締結し、その変更後の契約に従った権利行使によりA社株式を取得しました。こうしたとき、税制適格ストック・オプションとして、租税特別措置法29条の2の規定は適用されるか、という照会内容です。

この照会に対して国税庁は、税制適格ストック・オプションとして扱われないと回答しました。新株予約権等を与えられた当初の付与契約において、一定の要件を定められていなければならないという解釈によるものです。

このように、事後的に税制適格要件を追完することはできないものとされています。対象者が期待したキャッシュインを得ることができない場合や、キャッシュイン前に行使時課税でキャッシュアウトが必要となった場合には、今後の勤労意欲に良からぬ影響が生じるおそれがあります。最悪の場合、発行会社と権利者との間で紛争状態にもなり得ます。

後から補うことができないということをよく認識の上、丁寧に要件を整理して明確に設計することが重要といえます。

なお、Q24のとおり、所定の場合には税制適格要件を満たしながらの契約内容変更が認められていますが、これが許されるのはもともと発行時点で求められていたその税制適格要件を満たしていた契約です。やはり事後的な変更によって税制適格要件を満たすという扱いはできません。

Q26 税制適格ストック・オプションとM&Aのエグジットを巡るトラブル

Q 当社（非上場企業）は税制適格ストック・オプションを発行していますが、将来の上場を想定しておらず、M&A によるエグジットを想定しています。M&A 時には、ストック・オプションを割り当てた従業員にも利益のあるようにしたいと思っていますが、注意すべきことはあるでしょうか。

A 税制適格の恩恵を受けるための保管要件について、注意が必要です。法改正等により保管要件を満たす方法が複数となったため、自社にとって最も負担の少ない保管方法を選択することが重要です（既に発行済みの税制適格ストック・オプションについても、一定期間に限り再度選択をし直すことが認められています）。

1　保管要件

税制適格ストック・オプションとしての要件を満たすためには、保管要件を満たす必要があります。すなわち、新株予約権の行使により取得をする株式につき、以下の要件①②のいずれかを満たす必要があります（措法29の２①六）。

> ①　行使に係る株式会社と金融商品取引業者または金融機関等との間であらかじめ締結される新株予約権の行使により交付をされる株式会社の株式の振替口座簿への記載もしくは記録、保管の委託または管理および処分に係る信託に関する取決めに従い、取得後ただちに、金融商品取引業者等の振替口座簿に記載もしくは記録を受け、保管の委託もしくは管理等信託がされること
> ②　行使に係る株式会社と契約により新株予約権を与えられた者との間であらかじめ締結される新株予約権の行使により交付をされる株式会社の株式（譲渡制限株式に限る）の管理に関する取決めに従い、取得後ただちに、株式会社により管理がされること

2　2023年に国税庁Ｑ＆Ａが公表されるまで

上記①のように、非上場会社においては、「権利者が、新株予約

権の行使により株式の取得をする際、当該株式に係る株券の交付を受けずに、当該株式の交付をする株式会社から金融商品取引業者等の営業所等に当該株式を直接引き渡させることにより行う」ことが要件とされています（措令19の3⑧）。

2023年に国税庁Q&Aが公表されるまで、この要件を満たすためには、非上場会社においては株券発行会社となる必要があると一般に解釈されていました。そして、この負担が非上場会社にとってとても大きいものであり、M&Aエグジットの障害になっていました（**コラム4**（101頁）参照）。

3　2023年に国税庁Q＆Aが公表された後

その後、2023年に国税庁Q&Aが公表され、非上場会社においても、株券の発行は必要条件ではないものと整理されました。すなわち、発行会社が未上場かつ株券不発行会社である場合には、契約等に基づき、発行会社から金融商品取引業者等に対して株式の異動情報が提供され、かつ、発行会社においてその株式の異動を確実に把握できる措置が講じられている場合には、「金融商品取引業者等の振替口座簿に記載若しくは記録を受けること」に相当するものであることから、株券の発行および株券の金融商品取引業者等への引渡しをせずとも、保管委託要件を満たすものと整理されました（国税庁Q&A18頁）。

この点、株式の異動を確実に把握できる措置とは、例えば、税制適格ストック・オプションの付与に関する契約において、税制適格ストック・オプションの行使の際に、発行会社が指定した金融商品取引業者等への売り委託または譲渡以外の方法で株式を譲渡した場合に、発行会社は、その株式を没収するとともに権利者に対して違約金の支払いを求めることができる事項を設けることが考えられます。

この国税庁Q&Aの解釈が示されたことによって、株式の異動を確実に把握できる措置さえ講じれば、株券の発行はせずに済み、相当程度M&Aエグジットのハードルが下がることが明らかとなりました。

なお、国税庁Q&Aの公表前に税制適格ストック・オプションの付与が行われ、かつ、国税庁Q&Aの公表後において権利行使が行われていない場合には、株券の保管の委託に関する契約の変更および株式の異動を確実に把握できる措置を講じることにより、上記の取扱いの適用を受けることができるとされています。

4 令和6年度（2024年度）税制改正以後

以上のとおり、要件①（金融商品取引業者等に株式の保管委託等する場合）について、負担を軽減するための見直しが行われました。その後もさらに負担軽減に向けた検討が引き続き行われ、要件②（発行会社が株式を管理する方法）が新設されました。

要件②に定める方法は、Q18に記載の管理方法を定めることによって、自社で管理を完結する方法です。

令和6年度（2024年度）税制改正に係る経過措置として、2024年12月31日までに要件②について定めるように割当契約書を変更した場合には、2024年3月31日以前に締結された割当契約（改正前の措法29の2①に規定する契約であって、同条1項各号に掲げる要件が定められていたものに限ります）についても、要件②に定める管理方法をもって税制適格ストック・オプションの要件を満たすこととされています。

そのため、既に税制適格ストック・オプションを発行していたとしても、期限内（2024年12月31日まで）であれば、要件②に定める管理方法に変更することが可能です。これから税制適格ストック・オプションを発行する場合はもちろん、（上記期限内の変更に限りますが）既に発行済みストック・オプションについても、要件①②の要件どちらが自社にとって負担が少ないか（M&Aイグジットの障害になりにくい方法はどちらか）を検討することができるようになりました。

コラム４　税制適格ストック・オプションにおける、株券の保管委託要件撤廃その他改正の動き

従来は、上場、非上場に関わりなく同一の保管要件が課せられていたため、未上場かつ株券不発行会社であっても、「新株予約権の行使により取得をする株式につき、行使に係る株式会社と金融商品取引業者または金融機関等との間であらかじめ締結される新株予約権行使によって交付される株式の振替口座簿への記載もしくは記録、保管の委託または管理および処分に係る信託に関する取決めに従い、株式交付後直ちに、この金融商品取引業者等の振替口座簿に記載もしくは記録を受け、保管の委託もしくは管理等信託がされること」という保管要件を満たすため（措法 29 の 2 ①六イ）、委託先の証券会社を見つける必要がありました。

また、仮に委託先の証券会社を見つけ出すことができても、証券会社に保管を委託するためには株券発行会社へ移行する必要があるものと解釈されていました（措令 19 の 3 ⑧）。2004 年の商法改正で株券不発行制度が導入され、多くの会社では株券を発行していません。これは株券発行会社であることにコス

トが生じるからであり、そうした株券発行会社への移行について投資家からの理解を得なければなりませんでした。なお、株券発行会社への移行のために必要となる手続は、株主総会による定款変更（特別決議。会社法 214、466、309 ②十一）と変更登記（会社法 911 ③十）です。

このため、スタートアップが M&A エグジットをしようとする場合、この保管委託要件を満たすことができず、税制適格性が失われ、その結果課税のタイミングは権利行使時となり、税率も給与所得課税扱いとなってしまうという事態が生じていました。

これを理由にエグジット方法として M&A が避けられ、IPO が選択される場合もあったようです。

こうした状況下で、政府が 2022 年に策定したスタートアップ育成５か年計画では、非公開会社では会社法の制約によって株式に譲渡制限が付されて株主名簿や新株予約権名簿で管理されていること等にも着目して、保管委託要件を撤廃することが検討されていました。

そして令和６年度（2024 年度）税制改正により、保管委託要件が一部緩和され、従来の方法に加えて、発行会社が管理する方法（措法 29 の２①六ロ）によっても要件を満たすものとされました（詳細は Q18 参照）。

また、従来の方法（証券会社に保管等を委託する方法）についても、上記 Q26 のとおり、国税庁 Q&A では発行会社が未上場かつ株券不発行会社である場合には、契約等に基づき、発行会社から金融商品取引業者等に対して株式の異動情報が提供され、かつ、発行会社においてその株式の異動を確実に把握できる措置が講じられている場合には、「金融商品取引業者等の振替口座簿に記載若しくは記録を受けること」に相当するものであることから、株券の発行および株券の金融商品取引業者等への引渡しをせずとも、保管委託要件を満たすものとするとの見解が示されました。ここで株式の異動を確実に把握できる措置とは、例えば、税制適格ストック・オプションの付与に関する契約において、税制適格ストック･オプションの行使の際に、発行会社が指定した金融商品取引業者等への売り委託または譲渡以外の方法で株式を譲渡した場合に、発行会社はその株式を没収するとともに権利者に対して違約金の支払いを求めることができる事項を設けることが考えられるとされています。

なお、国税庁 Q&A の公表前に税制適格ストック・オプションの付与が行われ、かつ、国税庁 Q&A の公表後において権利行使が行われていない場合には、株券の保管の委託に関する契約の変更および株式の異動を確実に把握できる措置を講じることにより、上記の取扱いの適用を受けることができるものとされています。

これによって株券発行会社への移行は実質上不要となり、保管委託要件は実質的に緩和されて利用しやすくなりました。また、令和 6 年度（2024 年度）税制改正に係る経過措置として、2024 年 12 月 31 日までに上記 Q26 の要件②（発行会社が管理する方法）について定めるように割当契約を変更した場合には、2024 年 3 月 31 日以前に締結された割当契約（改正前の措法 29 の 2 ①に規定する契約であって、同条 1 項各号に掲げる要件が定められていたものに限ります）についても、同要件②に定める管理方法をもって税制適格ストック・オプションの要件を満たすこととされています。

そのほかにも税制適格ストック・オプションを利用しやすくするための見直しの動きがあります。たとえば、令和６年度（2024 年度）税制改正では、社外高度人材への付与要件の緩和や、年間行使価額の限度額の引上げが行われました（詳細は Q18 参照）。

執筆の時点では検討段階のものも多いため、最新の動向にはご注意ください。

第3　有償ストック・オプション

Q27　有償ストック・オプションの設計

Q　有償ストック・オプションの基本的な設計例は、どのようなものですか。

A　割当て時に払込みを要し、通常、これを公正な価額以上としなければならないことから、労働の対価性の程度が他のストック・オプションに比して小さく、むしろ金融商品的な性質が強いものです。こうした性質を考慮して、勤務条件、業績条件、株価条件等を検討します。

有償ストック・オプションの場合、勤務条件（Q09）、業績条件（Q09）を設定するものが多く、そのほかにも株価条件（Q10）を設定する有償ストック・オプションもあります。

権利付与時の払込金額と行使時の価額は、公正な評価額かそれ以上の価額とします。未上場会社のストック・オプションの公正な評価額の算定には、株価の算定以上に非常に難しい問題があり、容易には算定不可能です。このため、公正な評価額の算定に当たっては専門家の助言を得るとともに、第三者機関による評価算定書を入手する必要があります。

その他の基本的な内容は、ストック・オプションの基本的な設計例（Q09）に沿ったものであることが一般的です。

もっとも、割当て時に払込みを要しこれを公正な価額以上としなければならないことや、労働の対価性の程度が他のストック・オプションに比して小さくむしろ金融商品的な性質が強いことを受けて、ストック・オプションの基本的な設計例のうち、包括的な無償取得条項を定めず、組織再編時の扱いも消滅処理ではなく（再編対象会社の同意が前提ではあるものの）再編対象会社のストック・オプションを交付すると定めることなど、異なる点もあります。

第4 信託型ストック・オプション

Q28 信託型ストック・オプションの構造

Q 国税庁の見解が示されるまでの間、実務上広く採用されていた信託型ストック・オプションの意義や基本的な構造は、どのようなものですか。

A 発行会社が受託者に対して有償ストック・オプションを割り当てて信託財産とし、受託者をして所定のルールに基づいて管理させるというものです。

信託型ストック・オプションの基本的な構造は、以下のとおりです。

① 信託の委託者が、受託者との間で締結される信託契約に基づき受託者へ金銭を拠出し、信託を設定する。信託には、信託管理人兼受益者指定権者を就任させる。
② 受託者は、会社が発行する新株予約権の払込みのために、この信託に拠出された金銭を充てて、会社から引き受ける。
③ 受益権者となる候補者は、一定の評価基準規程に従い、ポイント（新株予約権付与数の算定における基礎となる計算単位）を得る。
④ 信託終了時に、受益者候補者のうちポイントを保持している者は、保持するポイント数をもとに一定の新株予約権数の分配を受けられるよう、本件信託の受益権を取得する。

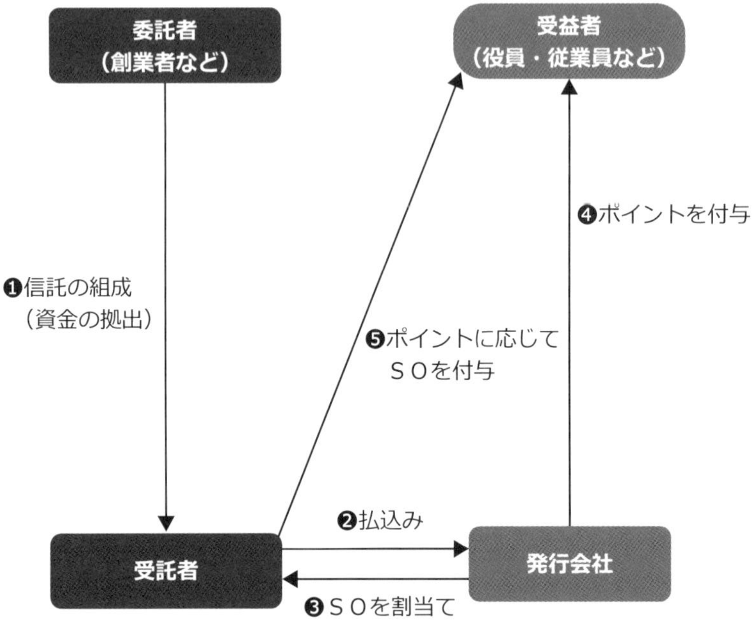

（出典：著者作成）

株主や経営者側からは、低い権利行使価額で発行したストック・オプションを株式報酬として配付することによって、人材採用のために株式報酬を用意する際には持株割合を大幅に希薄化させずに済むというメリットがあります。また、実際の役職員のパフォーマンスを評価して付与するかしないか、付与量を調整できるという柔軟さ、入社時期の違いをとらえて権利行使価額が違うという不平等感を解消できるということもメリットとして挙げられます。

一方、スタートアップにおけるストック・オプションは、発行会社が成功するかしないか不明確である中参画するというリスクに対する対価の面が重視されるべきであるとして、信託型ストック・オプションの仕組みそのものがスタートアップのインセンティブプランとして適切ではないという見方もあるようです（**コラム3**（93頁）参照）。

こうした信託型ストック・オプションの普及状況は、一部の報道によれば、約800社の企業が導入（うち約100社は上場）となっています。

Q29　信託型ストック・オプションの課税に関する国税庁の見解

Q 信託型ストック・オプションの課税について、国税庁の見解はどのようなものでしょうか。

A 国税庁が明らかにした見解は、ストック・オプション行使時点で、給与所得課税が生じるというものです。

2023年4月28日に公開され、その後同年7月7日に更新された「国税庁Q&A」では、信託型ストック・オプションのうち税制適格の要件を満たさないものを「税制非適格ストック・オプション（信託型）」と呼び、発行会社が役職員に対して経済的負担のないまま付与するものであるとして、課税関係の扱いを以下のとおり整理しました。

タイミング	課税関係
①信託組成時点	法人課税信託として、ストック・オプション割当ての対価等のために信託した金銭に対して法人税課税が生じる
②ストック・オプション発行時点（受託者に対する付与時点）	時価発行であるため、課税関係は生じない
③役職員に対する付与時点	課税関係は生じない
④ストック・オプション行使時点	経済的利益（行使時の株価から発行時の払込価額と権利行使価額の合計額を差し引いた額）について給与所得課税が生じる
⑤株式売却時点	譲渡益課税が生じる

イメージ図は以下のとおりです。

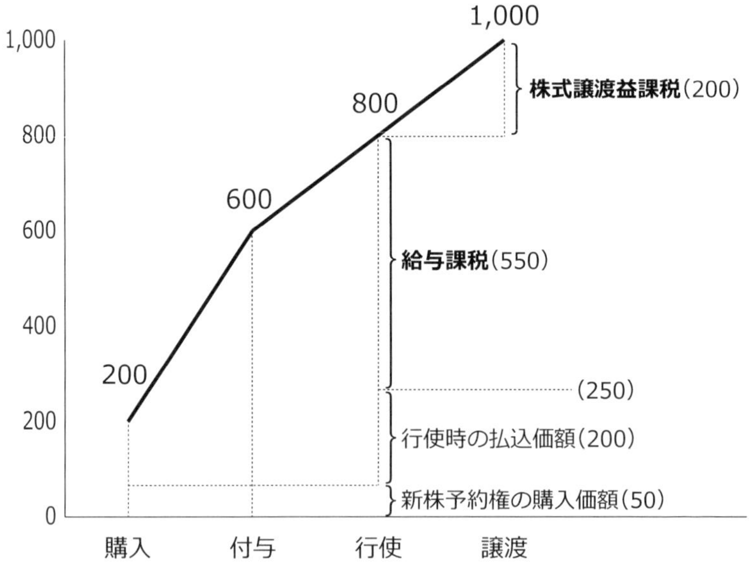

（出典：国税庁Q＆A）

Q30　信託型ストック・オプションの課税に関する従来の実務上の見解と、実務に対する影響

Q 当社は既に信託型ストック・オプションを発行済みで、役職員が権利行使済みです。国税庁の見解は従来の実務上の見解と異なりましたが、これによって当社にはどのような影響が生じるのでしょうか。

A 従来の「譲渡益課税（約20%)」から「給与課税（最大約45%、住民税を含めると最大約55%)」となるため、従業員の手元に残るキャピタルゲインに大きな影響が出ます。課税のタイミングも「売却時」から「行使時」に前倒しされ、株式が現金化される前に課税が発生する「キャッシュインなき課税」が生じることになります。これは過去に遡って適用され、発行会社は源泉徴収義務を負います。

1　従来の見解

信託型ストック・オプションの課税に関する従来の実務の見解では、所得の分類については、一般株式等に係る譲渡所得等または、上場株式等に係る譲渡所得等として、税率20.315%で申告分離課税となるものと考えられていました。課税のタイミングは、役職員がストック・オプションの行使により取得した株式を譲渡したタイミングとなるものと考えられていました。これらは、発行している新株予約権が有償時価発行の新株予約権であることなどを理由とするものです（Q28)。

② 国税庁Q＆Aの見解

これに対し、公表された国税庁の見解は、所得の分類については、給与所得等として総合課税であり、課税のタイミングは、所得税法施行令84条３項２号に該当するため権利行使時になるというものでした（Q29）。これは、信託型ストック・オプションの構造（Q28）が実質的には、会社が役職員にストック・オプションを付与していること、役職員に金銭等の負担がないことなどの理由から、上記の経済的利益は労務の対価に当たり、「給与として課税される」という解釈に拠るものです。

したがって、国税庁の見解を前提にすると、発行会社は源泉徴収義務を負うことになります。

そして、この国税庁の見解は、行使済みのものであってもすべて過去に遡及して適用されるものであり、少なくとも時効が成立するまでの過去５年分は追徴課税を行うというものです。

こうした税務上の取扱いが実務に及ぼす影響について、一部では、合計200億円規模の税負担増に繋がる可能性があると報じられました。

③ 実務の影響（付与された側）

既に権利行使済みの役職員には、織り込んでいなかった税負担が生じることになります。信託型ストック・オプションによって得たキャッシュが不動産購入に当てられているなど十分に残存していない場合もあり、追徴課税の負担はとても大きいものとなる可能性があります。

源泉所得税を一時に納められない場合には、税務署に申請を行うことで、原則として１年以内の期間のみ、猶予等が認められる場合があります（国税庁Q&A）。もっとも、納付期限を超過していることから、本税以外に延滞税等の附帯税についても課せられる可能性があり、これは納税猶予等が認められた場合でも賦課される可能性がある点には注意が必要です。

権利行使前の役職員も含め、期待していたはずのリターンが減ることを意味することからモチベーションに悪影響を与え、最悪離職を招きかねません。

4 実務の影響（発行会社側）

発行会社の方も、金銭的負担を負う可能性があります。この追徴課税については、まず会社が源泉徴収分を納付しなければならないとされます。権利行使済みの役職員が既に退職している場合には、源泉徴収は難航するかもしれません。また、役職員のモチベーション維持のために発行会社が肩代わりするような場合にも、発行会社には金銭的負担が生じることになります（Q31）。

影響は税務上のものにとどまりません。信託型ストック・オプションは、会計上過去の決算に与える影響なども検討する必要があります。多額のキャッシュアウトが必要になった場合、特にそれをすべて発行会社が負担するような場合に、過去の決算が大きく変わるような影響となり、開示が必要となる事態もあり得ます。

Q31　源泉徴収分の求償の可否と求償権の放棄

Q 追徴課税については、まず会社が源泉徴収分を納付しなければならないとのことですが、役職員に求償できると理解してよいでしょうか。求償せず立て替えてあげることも検討していますが、注意点はありますか。

A 求償はできますが、不納付加算税や延滞税といった附帯税については求償できません。求償せず立て替える際には、グロスアップが必要になることや、会計上の影響、取締役としての善管注意義務に注意が必要です。

追徴課税については、まず会社が源泉徴収分を納付しなければならないとされますが、これについては求償することができます（所法222）。ただし、不納付加算税や延滞税といった附帯税は、求償権が及ばないと解釈されています（最判昭和45・12・24民集24巻13号2243頁）。

しかし、事実上の回収可能性の面では、既にキャッシュが十分に残存していない従業員や既に退職した従業員などからは徴収できない可能性もあります。

役職員のモチベーション維持のために、発行会社が求償権を行使せず、役職員分の負担を肩代わりすることも考えられます。

発行会社が代わりに支払う場合、その支払いは従業員への追加的な給与とみなされ、グロスアップが必要になります。例えば、1,000万円分を発行会社が代わりに支払う場合には、その1,000万円にも給与所得課税が生じるため、この追加の給与所得課税も加算して(グロスアップして)肩代わりしなければならなくなります(所基通221−1、181~223共−4、国税庁Q&A 5頁)。なお、その役職員が既に退職済みの場合には、退職済みの元役職員が源泉徴収税相当額の求償を免れたことの利益について、給与所得に対する源泉徴収義務を免除されていることから「給与所得」であるとする見方がある一方で、給与ではなく「一時所得」となり、その場合には源泉徴収義務は生じないとの見方もあります。

会社が負担するという方法は、金額によっては会社の財務に大きなダメージを与えるものです。そうした行動が役員の善管注意義務に違反するものではないかに関しては注意が必要であり、経営判断として合理的であるといえるかをよく確認した上で実行するべきです。

Q32 権利行使前の会社の対応策

Q 当社は既に信託型ストック・オプションを発行済みです。まだ権利行使前ではあります。国税庁の見解を受け、当社のような権利行使前の会社は、どのようなことを検討すればよいでしょうか。

A インセンティブ付けの必要度、役職員の納税可能性、キャッシュの余裕、資本政策、権利実現確度、信託型ストック・オプション廃止の可否および是非、他の株式報酬への切替えの可否および是非等を考慮して対応を検討します。

1　インセンティブ・モチベーションへの悪影響

Q29のように、信託型ストック・オプションを巡る課税関係について、従来の実務の見解とは異なる扱いとなることが示されました。

信託型ストック・オプションの課税関係によって期待した正味のキャッシュインの額が減ることを受けて、新たな（追加的な）インセンティブ付けの必要度、役職員の納税可能性、発行会社のキャッシュの余裕、資本政策、その信託型ストック・オプションの権利実現確度、その信託型ストック・オプション廃止の可否および是非、他の株式報酬への切替えの可否および是非等を考慮して対応を検討します。

2　別途のインセンティブ付けの必要度を検討

まず、別途のインセンティブ付けの必要度を検討します。

信託型ストック・オプションにはQ29のとおり課税以外の様々なメリットがあるところ、こうした課税以外のメリットを重視して導入している場合があります。

こうしたとき、役職員に正味のキャッシュインの額を説明していなかったり、課税関係について発行会社が見解を示していなかったりということもあります。そのような状況で、役職員が、課税関係も踏まえた正味の価値の把握に関心を持っていないことがあり得ます。

また（本来望ましい形態ではないですが）、役職員それぞれの取り分が小さくて関心を持っていない場合もあります。また、そもそも行使条件の実現可能性が事実上ないなどの場合もあります。こうしたとき、課税関係によって期待した正味のキャッシュインの額が減ることについて、その穴埋めを行うべくなんらかのインセンティブ付けをすることは必ずしも必要とはならず、特段の対応は不要ということもあるでしょう。

一方、こうした場合でなければ、穴埋めを行うべくなんらかのインセンティブ付けを検討するべきです。

3　信託型ストック・オプションの代わりとなる別途の株式報酬の付与を検討

信託型ストック・オプションの代わりとなる、別途の株式報酬の付与を検討するに当たっては、会社の上場・非上場の別、上場準備状況、費用計上の問題、税制適格要件の負担の問題等、それぞれによって検討すべき株式報酬やその詳細が異なります（Q33）。

4　既存の信託型ストック・オプションの取扱い（転用・消却等）

既存の信託型ストック・オプションについては、Ⓐ信託財産となっているそのストック・オプションを転用するか（転用の方法は信託契約に基づいて活用するか、発行会社が新株予約権を取得した上で自己新株予約権の処分として活用するかの二つの方法があり得ます）、Ⓑそれ自体はいったん消滅させてしまうか、といった扱いを検討します。

そしてこのストック・オプションは信託によって管理されているため、そうした扱いが可能かについては、信託契約の内容や信託法の関連規定の確認が必要です。多くの場合、従来の信託型ストック・

オプションについては法人課税信託となるように設計していた関係上、当事者の意思で容易に信託を変更・終了させることができないようにされています。発行会社の状況次第では、信託契約または信託法上の信託終了事由が生じ、それに基づいて役職員にストック・オプションを分配できるという場合もあるでしょうが、多くの場合には発行会社にて新株予約権の内容として定めたところの取得条項を発動して、いったん発行会社が自己新株予約権にした上で、それを役職員に税制適格ストック・オプションとして付与するとか、消却して新たに発行するといった扱いになるものと思われます。

信託契約の内容を踏まえても既存の信託型ストック・オプションの転用が可能であるとしても、その際に新株予約権の内容を変更しなければならない場合にはそれが許されるかの検討が必要であり（Q71)、場合によっては期待する方法で転用ができない可能性があります。

一方、消却（して新たに発行）することについては、「既存のものを消して、新しいものを発行する」という従来の実務にはなじみやすいものとはいえます。もっとも、発行会社においては発行時のストック・オプション時価相当額について消滅益が生じ、益金に算入され、発行会社には課税上の負担が生じるものと思われます（特定新株予約権では消滅益を生じさせないところ（法法54の２③)、信託型ストック・オプションについては特定新株予約権に該当しないと思われるためです)。また、信託型ストック・オプションの消却の登記と税制適格ストック・オプションの発行の手続・登記をしなければならないという手続コストが生じます。

5 金銭でのインセンティブ付けを検討

資本政策の観点等から、別途の株式報酬の付与が困難である場合もあります。

この場合には、穴埋めのために必要となるだけのキャッシュについて余裕をもって用意できるかをまず検討し、余裕があるのであれば、賞与などにより金銭で補填することが選択肢となります。

一方、穴埋めのために必要となるだけのキャッシュの用意について現時点ではそれほど余裕がない、といった場合もあります。この場合には、例えば、中長期型の条件付賞与、ファントムストックの活用など、順次段階的に、所定の条件を満たしたときにキャッシュを交付するという方法も選択肢となります。

その際、今後の発行会社のキャッシュフローのめどや、役職員へのキャッシュでの穴埋めの方法（段階的に行うのか、いわゆるファントムストックのような方法をとるのかなど）を検討の上、無理なく、それでいてインセンティブの発揮を期待できる条件の検討が重要です。

6 信託型ストック・オプションを存続させることを検討

一方､金銭を用意する余裕が全くないという状況も考えられます。

特にスタートアップの場合や、信託型ストック・オプションのボリュームが大きい場合には顕著でしょう。

こうしたとき、別途の株式報酬の付与ができないのであれば、信託型ストック・オプションを残存させた上で、その行使の仕方について指導することも検討の価値があります。

課税負担が極力軽減されるような行使方法を促し、加えて発行会社もそれに柔軟に協力するということです。

これは、別途の株式報酬を魅力ある設計にできない場合（例えば最低２年の保有期間要件を求める税制適格ストック・オプションが役職員のインセンティブ付けとしてなじまない状況であるなど）にも検討されるべき選択肢と思われます。

7　ストック・オプションの放棄を検討

また、例外的なものと思われますが、ストック・オプションの放棄を検討しなければならない場合もあり得ます。

課税が生じる新株予約権行使時に、未上場であるために、あるいは上場後であってもインサイダー規制によって、新株予約権の行使によって取得した株式を譲渡できない場合があります。この場合、キャッシュインの前に、課税のキャッシュアウトが生じることになります。

課税は生じるとしても資産は増えているので、権利者自ら将来の見込みキャッシュインの時期までの金策（借入れをしてその間をつないだり、発行会社からその分の金銭的支援を受けたりするなど）ができればよいのですが、そうでない場合はストック・オプションの放棄を含めた対応を検討しなければなりません。

Q33　代替する株式報酬の検討

Q　当社は未上場企業です。既に信託型ストック・オプションを発行済みですが、まだ権利実現前ではあります。信託型ストック・オプションに代わる別途の株式報酬の導入を検討しています。税制適格ストック・オプションが利用しやすくなったとのことですが、利用に当たってどのような点を検討すればよいでしょうか。

A　信託型ストック・オプションについて、信託は終了させた上で、その信託に組み入れられていたストック・オプションを、税制適格ストック・オプションの要件を満たすようにして、役職員に付与することを検討します。転用の際の手続を踏むことと、転用によって役職員のインセンティブが確保されるかの確認が必要です。

1　信託型ストック・オプションの税制適格ストック・オプションへの転用の意味

既存の信託型ストック・オプションを、税制適格ストック・オプションへ転用するということは、役職員に対してまだ付与していない（信託に組み入れられている）もともとは有償ストック・オプションであったものを、税制適格ストック・オプションとして扱うことを意味します。これは信託契約および信託法上許されること、ならびに役職員に対する付与時点を基準にして、そこで税制適格要件を満たす限りで行えるものです。

なお、法的には転用が可能である場合であったとしても、費用計上が今後のIPOなどに支障を生じさせるレベルである場合などには、税制適格ストック・オプションへの転用は事実上行うことができない点に注意が必要です。

レイターステージの企業など株式時価が相当に向上している会社が、新株価算定ルールに基づいて算定した権利行使価額を内容として付与すると、発行会社に大きな費用計上が必要になってしまうおそれがあるためです。

2　転用の可否

そもそもこうした転用が認められるかについて、信託契約や信託法上のポイントはQ32のとおりですが、税制適格ストック・オプションの要件上の注意点は以下のとおりです。

まず、無償でなければなりません。これについては、たとえ発行時に有償であったとしても、あくまで付与基準時点で無償であれば、要件を満たすものと整理されています。

そのほか、権利行使期間（役職員に付与される日を起算日として設定されるものとなります）、保管委託等の要件も満たさなければなりませんが（Q18など）、特に問題となるのが権利行使価額の要件です。

3　権利行使価額の要件と内容変更手続の論点

権利行使価額は、付与時の時価以上の金額でなければなりませんが、その時価評価に新株価算定ルールが設けられ、低く設定することができることはQ20のとおりです。

(1)　権利行使価額を引き「下げる」場合

既に定められた権利行使価額を引き下げたとしても税制適格ストック・オプションの要件を満たすか、という論点があります。

この点、税制適格ストック・オプションについては、「新株予約権に係る契約により与えられた新株予約権を当該契約に従って行使する」ことが要件とされていますので、当該契約で定めた事項を変更した場合、原則として、税制適格ストック・オプションに該当しないこととなります。ただし、税制適格ストック・オプションの要件を満たしている契約について、Ⓐ通達改正後に権利行使価額を引き下げる契約変更を行った場合で、かつ、Ⓑ当該契約変更後の権利行使価額が同通達に定めた権利行使価額に関する要件を満たしているときには、税制適格ストック・オプションとして認められるとの国税庁の見解が公表されています（2023年７月の租税特別措置法関係通達の改正、国税庁Q&A）。これは、税制適格ストック・オプションに係る権利行使価額は必要以上に高めに設定されていたのが実務であったとし、それは税制適格を否認されないためであって、同通達が公表されていれば、権利行使価額を高めに設定しなかったであろうという考えに基づくものです。

ただし、その際に生じる費用処理の問題は、別途の検討が必要です（Q21）。また、新株予約権の内容変更の手続を経なければなりません。

(2)　権利行使価額を引き「上げる」場合

ア．権利行使価額を引き「上げる」ことの論点の状況

一方、既に信託型ストック・オプションとして定められた時価よりも、現時点の新株価算定ルール上の時価の方が高い場合、過去時点の行使価額のままでは時価で付与したことにならず、要件を満たさないことになります。このとき、行使価額を現在時点の時価に引き「上げる」必要があります。これが許されるか、すなわち、新株予約権の事後的な内容変更に当たらないか、税制適格ストック・オプションの要件を満たすようにするという扱いが許されるか、といった論点があります。

イ．新株予約権の「内容の変更」に当たるか

まず、そもそも新株予約権の「内容の変更かどうか」が問題となります。

この点、権利行使価額そのものは新株予約権の内容として所定の機関で決議しなければなりません（会社法236①二、239①一。Q08)。会社法上は、「算定方法」を定めることでも足りるとされていますが、「算定方法」の定めは、それが客観的要因により確定するものでなければならず、そうではない算定方法（例えば「当該新株予約権を付与した取締役会決議の日の直近の増資における1株当たりの新株発行価格」など）は「算定方法」としては要件を満たさないものとされます。このため、少なくとも従前の実務では、非上場会社の場合には「時価」の算定方法が一義的なものとして定まっていなかったため、株主総会決議の段階で「具体的な金額を示すのが通常」であったと考えられます（ただし、今回の国税庁の見直しにより、純資産による算定が可能とされるので、今後については「特定の時点における1株当たりの純資産額」という算定方法の定め方が公に認められ、普及する可能性はあるように思われます)。

このように、少なくともこれまでは、非上場会社の新株予約権発行時には、その内容として権利行使価額が確定額として記載されていることが通常でした。このため、権利行使価額の変更は、

新株予約権の内容変更の論点となり得ます。

ウ．新株予約権の内容の変更が「事後的な変更かどうか」、いつの時点をもって「事後的変更」とするか

次に、その新株予約権の内容の変更が「事後的な変更かどうか」が問題となります。「付与済みの新株予約権」については、その内容の「事後的変更」をもって税制適格ストック・オプションの要件を満たすという扱いは否定されているところ（Q24）、いつの時点をもって「付与済みの新株予約権」として扱うか、いつの時点をもって「事後的変更」とするか、という問題があるからです。

国税庁はこの論点について明確に回答していませんが、一連の解釈を前提にすると、税制適格ストック・オプションの要件は、実際に発行済みの新株予約権が「役職員に付与されたとき」を基準として判断する見解に立っているように思われます。

そうすると、実際に役職員に付与されるまでの間（信託が存続している間や、発行会社が自己新株予約権として保有している間など）に、権利行使価額を現在時点の時価となるよう変更しておけば、この論点はクリアできる可能性があります。

エ．内容変更の手続の負担

もっとも、仮に内容変更の論点をクリアできるとしても、内容変更の手続は、その発行時の手続と同様の手続を経なければならないという見解があります。これに基づくと、例えば非上場時点で発行した新株予約権については、上場後であっても株主総会の特別決議（会社法238②、309②六）を経なければならなくなりますが、実務上そうした株主総会決議が困難である場合がある点には、注意が必要です。

④　税制適格ストック・オプションへの転用ができないまたはすべきでない場合

上記のとおり、新株予約権の内容変更の手続を踏めない場合は転用できません。また、付与先が社外協力者であった場合には、社外協力者への付与の要件（Q18）を満たさなければ、税制適格ストック・オプションの要件を満たしません。

また、以上の検討を経て、税制適格ストック・オプションの要件を満たすことができるとしても、それで役職員のインセンティブ付けになるかの確認もすべきです。信託型ストック・オプションの権利実現が近く見込まれるような場合、税制適格ストック・オプションの要件である付与時から最低２年間行使できないという待機期間がかえって反感を買ってしまう可能性があります。こうした問題がある場合、税制適格ストック・オプションに利用にあっては退職後の権利行使を認める設計を検討するべきですが、それでも反感を買ってしまうような場合には、税制適格ストック・オプションの利用を控えるべきと思われます。

以上のように、税制適格ストック・オプションを利用できない、または利用すべきでないときには、有償ストック・オプションを付与すること、あるいは（費用処理の問題をクリアできることが前提ですが）信託型ストック・オプションを消却して新たに税制適格ストック・オプションを出しなおすこと（Q32）、給与課税を受け入れた上で信託型ストック・オプションを維持することの検討も必要です。信託型ストック・オプションを維持する場合には、行使のタイミングを複数年度に分けて調整することで実質的な税負担額をコントロールできるようにするなど、発行会社からの指導・協力も必要になるものと思われます。

また、これらの選択肢は択一のものとせず、併用することも考えられます。併用の方法は、役職員からのニーズに応じて役職員ごとに付与する株式報酬や条件を調整することのほか、特定の役職員に付与する株式報酬を複数組み合わせることも考えられます。

コラム5　税制の変化の可能性と対応

2019年2月14日に「バレンタインショック」と呼ばれる出来事がありました。「節税効果がある」とされ中小企業向けに販売されていた「定期保険」が、国税庁による税務上の取扱いの見直しが入ったことで販売できなくなり、数千億円の規模のマーケットが消失したというものです。

この背景には、本来の法人保険の趣旨から外れた問題性のある「法人保険による節税」について、個別規制での対応に限界があり、網羅的な規制をするべきと国税庁が判断したことがあります。

このように、税制は、その時点の社会・経済状況に照らして、大きく変わり得るものです。保険商品をはじめ金融庁が認可している商品のような行政のお墨付きがあるものであっても、同様です。

こうした税制の変化によって権利者にとっての正味の価値は変わり得るものであることについて、すべての当事者が留意する必要があり、発行会社は役職員と税制の変化を理由にして紛争になることのないよう税制の変化時の取扱いなどについて契約書で明確に定め、加えて付与時にも説明を行うべきものといえます。

第5　リストリクテッド・ストックとパフォーマンス・シェア

Q34　基本的な設計例

Q　リストリクテッド・ストックやパフォーマンス・シェアの基本的な設計例は、どのようなものですか。

A　処分禁止、地位条件、権利制限などそのインセンティブ付与の目的に鑑みて、必要となる条項を割当契約書に盛り込んで設計します。パフォーマンス・シェアの場合には、業績条件も定めます。

1　リストリクテッド・ストック、パフォーマンス・シェアの意義

リストリクテッド・ストックやパフォーマンス・シェアは、一定の金銭報酬債権を付与しそれを現物出資させるか、（上場企業の場合には）無償にて直接株式を付与するといった方法で対象者に株式を付与した上で、その割当契約書において、処分禁止、地位条件、権利制限などといったインセンティブ付与の目的に鑑みて必要となる条項を設けるという形で設計します（パフォーマンス・シェアは、さらに業績条件を付け加えます）。

2 処分禁止条件条項

処分禁止条件とは、一定期間における譲渡その他の処分を禁止する旨の規定です。

インセンティブ付与の趣旨からすれば、付与対象者以外の第三者に株式が譲渡されるといったことを許容するものではないので、当然設けます。

【条項例】

> 第●条（譲渡制限）
> 乙は、払込期日から●年●月●日までの間、本株式について譲渡、担保権の設定その他の処分をすることができない。

3 地位条件条項

地位条件とは、一定期間において付与対象者が発行会社の役員、従業員等の所定の地位にあることを求める条件です。この地位を喪失した場合等には、権利が喪失されるよう設計されます。死亡の場合を含めるか、正当な理由がある場合は除くかなどバリエーションがあります。

付与対象者に割り当てられているものは株式であるため、ストック・オプションと異なり、株式を消滅扱いとすることはできず、発行会社が無償取得（没収）する必要があります。

【条項例】

> 第●条（無償取得）
> 　乙が譲渡制限期間中に次の各号のいずれかに該当した場合、甲は、乙が当該各号に該当した時点をもって、本株式の全部を当然に無償で取得する。
> 1　乙が甲グループの使用人の地位を退職した場合（ただし、退職と同時に甲グループの使用人の地位に就任する場合、正当な理由により甲グループの使用人の地位を退職した場合、および死亡により退職した場合を除く。）
> （略）

4　権利制限条項

権利制限条項とは、一定の期間が経過するまでは議決権その他の権利を行使できないことを定める条項です。

こうした制限も契約当事者間の債権契約として有効ですが※10、拘束の期間が長すぎると無効とされる可能性があります（例えば東京高判平成12年５月30日では、18年の期間の制限があった事例において、制限は無効であるとの判断を示しています）。

配当受領権についても制限する方向で定めることを検討されることもあります。ただし、配当受領権の制限を設計しようとすると会社法の立て付け上ハードルが高いため、配当受領は認めつつ、金銭報酬から配当受領額相当額を控除するなどして調整することが合理的と思われます。

※10 江頭憲治郎『株式会社法　第８版』351頁（2021、有斐閣）

【条項例】

> 第●条（株主としての権利制限）
> 乙は、本譲渡制限期間において、本株式について議決権その他の本株式に係る権利の一切を行使しないものとする。

5　業績条件条項

業績条件とは、利益の状況を示す指標、株式の市場価格の状況を示す指標、売上高の状況を示す指標など一定の指標に基づく会社の業績を基準にして、その基準を満たしたことを権利実現の要件としたり、交付する株式数や金銭額を計算したりするものです（業績条件の指標についてはQ50）。

【条項例】

> 第●条（株式等の交付内容）
> 交付する株式は、対象者ごとに計算される基準交付株式数の●%相当分に、業績目標達成度、在任期間比率および役位調整比率を乗じた株式数とし、各対象者に交付する株式数の具体的な算定方法は別紙のとおりとする。

6　事前交付型と事後交付型

また、リストリクテッド・ストックやパフォーマンス・シェアには、事前に株式を交付して一定条件達成後に譲渡を解禁するタイプ（事前交付型）と、一定条件達成後に初めて株式を交付するタイプ（事後交付型）とがあります。

欧米では、事後交付型の方が採用される傾向にあります。その理由については、事前に株式を付与してしまうと、その後制限が解除されるまでの間に付与対象者が離職するなどして株式を没収する必要が出た際に付与対象者から協力が得られないため、株式返却に係る労働法上の規制、訴訟リスク等のトラブルが生じる可能性を考慮してのこととされています※11。

Q35 応用的な対応

Q リストリクテッド・ストックやパフォーマンス・シェアの実効性を高めるために工夫することはありますか。

A 処分禁止・権利制限条項、無償取得条項の実効性を高めるための工夫や、権利者の納税原資確保のために「知る前契約」の利用、一定の金銭給付を検討します。

1 処分禁止・権利制限条項

割当契約書にて処分禁止条件や権利制限条項を定めますが、割当契約書はあくまで当事者間に債権的効力を生じさせる効果しかありません。リストリクテッド・ストックは上場企業にて導入されることが多いものですが、特に上場株式の場合は市場で流通しているため、その処分自体や権利行使を直接制限することが難しいという問題が生じます（このような処分や権利行使は、発行会社との間で契約違反とはなりますが、当然に無効とはなりません）。

※11 阿部直彦＝郡谷大輔「実質的に解禁された新しい株式報酬 日本版リストリクテッド・ストックおよびパフォーマンス・シェアの概要と制度設計のポイント」(労政時報3909号)

そこで、処分禁止や権利制限の実効性を高めるため、専用口座を会社が指定してその口座において分別管理し、その口座を会社が管理することで、これら条項の実効性を確保する場合があります。

専用口座を導入するに際しては、割当契約書中の取決め以外にも、条項の実効性を担保するための具体的なアレンジメントについて、証券会社と個別に調整する必要があります。

【条項例】

> 第●条（本株式の権利行使に関する制限等）
> 乙は、払込期日までに、甲が指定する金融商品取引業者に、甲が指定する方法により、本株式に係る記載または記録を行う口座（以下「本証券口座」という）の開設を行い、本譲渡制限期間中、本株式を本証券口座において保管するものとする。

2 無償取得条項

地位条件の条項では、役員、従業員等の一定の地位を喪失した場合に発行会社が付与対象者から株式を無償取得する旨を定めますが、そのためには付与対象者からの譲渡の手続を踏まなければなりません。

上場企業において株式の譲渡の効力を生じさせるためには、振替の申請により所定の事項に係る記載・記録を受けなければならず（振替法140）、これはリストリクテッド・ストックとして付与された株式の無償取得の場合も同様です。振替の申請は原則として付与対象者側の協力がなければならないため（振替法132②）、離職した付与対象者がこの手続に協力しないリスクがあります。何も手当しなければ譲渡の効力を生じさせるために裁判手続を要してしまうなど、一定の手続コストが生じるおそれがあります。

そのため割当契約書においては、無償取得事由に該当した場合には必要な振替手続などを発行会社が単独で行えるようにするべきであって、付与対象者から発行会社に対する授権規定を定めておくべきと考えます。

【条項例】

> 第●条（本株式の無償取得の場合等の取扱い）
> 1　本契約の定めに基づき乙が本株式の全部または一部を無償で取得する場合に、社債、株式等の振替に関する法律の定めに基づき行う振替手続等、本契約の定めに従い法令または規則上必要となる手続については、甲が、その判断で、乙を代理してこれを行うことができるものとし、乙はこれに異議を述べない。
> 2　乙は、前項に定める甲による振替手続の履行に必要な一切の協力（必要な書類等の提出を含むがこれに限られない）を行うものとする。

③　知る前契約・一定の金銭給付

上場会社または上場計画中の会社においては、インサイダー取引規制との関係で、割当契約をいわゆる「知る前契約」に該当する内容とすることが実務上重要です。

すなわち、リストリクテッド・ストックの付与対象者側に課税が生じるのは、付与から一定期間を経た譲渡制限解除時となりますが、その際この株式がインサイダー取引規制によって処分できないということになれば、十分な手元資金がなく、納税資金を工面するのに負担が生じる場合があります。

そのような事態に備えるために、譲渡制限解除後速やかに行われるその株式の売却が「知る前契約」や「知る前計画」（金商法166⑥十二、有価証券の取引等の規制に関する内閣府令59①十四、金商法166①・③）に基づくものであり、インサイダー取引規制の適用除外となるように設計しておくべき場合があります。

この「知る前契約」では、株式を売却する期日やその総額または数が特定されるなど、処分の時期や内容について裁量の余地がない方法で決定される必要があります。

しかし、「知る前契約」や「知る前計画」で定めた「売るタイミング」が将来時点で不適切となっている場合もあり、その導入の是非や内容については慎重な検討が必要です。

この点で、譲渡制限解除時に一定の金銭給付を行って納税負担に対処するとともに、株式について「売るタイミング」を縛らないようにする例もあります（Q57）。

【条項例】

第●条（納税充当目的金銭の交付）

1　乙に対して、当社株式の交付に伴い生じる納税資金充当を目的とする金銭（以下「納税充当目的金銭」という）を付与するものとする。

2　前項により各対象者に交付する納税充当目的金銭の具体的な算定方法は、別紙「算定方法」のとおりとする。

Q36　無償発行の注意点

Q リストリクテッド・ストックを発行するに当たって無償発行が可能になったとのことですが、注意点はありますか。

A 無償発行が認められるのは、上場会社の、取締役や執行役に対する報酬等としての株式の発行等に限られる点に注意が必要です。

2019年改正会社法では、リストリクテッド・ストックを発行するに当たって無償発行を認めていますが、それは上場会社の、取締役や執行役に対する報酬等としての株式の発行等に限られます（会社法202の２①）。つまり、非上場会社は対象外であり、上場会社であっても従業員や執行役員に対して発行するものについては対象外です。

なお、従前のとおり、金銭報酬債権を付与してこれを現物出資する方法についても手続が整備されており、現物出資型の方法に拠ることができないというものではありません。

Q37　特定譲渡制限付株式とは

Q　特定譲渡制限付株式とはどのようなものでしょうか

A　株式交付時には役職員に課税がなされず、譲渡制限解除日において所得税課税事由が生じるものとするリストリクテッド・ストックです。

役職員に、株式交付時には課税がなされず、譲渡制限解除日において所得税課税事由が生じるものとするためには、「特定譲渡制限付株式」としての要件を満たさなければなりません。

特定譲渡制限付株式に該当するためには、次の各要件を満たす必要があります（法法54、法令111の２①、法法34①二ロ）。

> ①　一定期間の譲渡制限が設けられている株式であること
> ②　法人により無償取得（没収）される事由（無償取得事由）として勤務条件または業績条件が達成されないこと等が定められている株式であること
> ③　役務提供の対価として役員等に生ずる債権の給付と引換えに交付される株式等であること
> ④　適格株式であること（役務提供を受ける法人またはその関係法人の発行した市場価格のある株式または市場価格のある株式と交換される株式であること）

Q38　特定譲渡制限付株式の注意点
——株式付与時における株価の参照時点

Q 株式付与における「株価の参照時点」は、どのように処理すればよいですか。

A 実務上は、「報酬決定決議」と「第三者割当決議」を同一の取締役会で決議するなど、報酬債権額と払込金額・現物出資財産の価額に同一の株価を参照させます。

リストリクテッド・ストックを損金算入するためには、確定した額の金銭債権に係る特定譲渡制限付株式を交付するものであることなどが必要となります（法法34①二）。

この点、報酬債権額を確定する「報酬決定決議」と払込金額・現物出資財産の価額を決定する「第三者割当決議」の時点が異なる場合、株価の参照時点が異なることにより、「報酬決定決議」の額（事前確定届出給与として決議した報酬債権の額）と株式の交付に際して現物出資する財産の価額が一致しなくなり、確定した額の金銭債権に係る特定譲渡制限付株式に該当しなくなる可能性があります。

そうなれば損金処理できず、会社にとって不都合が生じるおそれがあります（法法34①二）。

そこで、実務上は、「報酬決定決議」と「第三者割当決議」を同一の取締役会で決議するなど、報酬債権額と払込金額・現物出資財産の価額に同一の株価を参照させることが考えられます。

具体的な株価の参照方法としては、例えば取締役会決議日の前取引日の終値等の株価を参照する方法が考えられます。

なお、確定した額の金銭債権に係る特定譲渡制限付株式ではなく、確定した数の特定譲渡制限付株式を交付する場合では、報酬決議時点において報酬債権額を確定する必要がなく、第三者割当決議の時点の株価を参照することで足りるため、このような問題は生じないと考えられます。

Q39　特定譲渡制限付株式の注意点——無償取得の定め

Q　特定譲渡制限付株式とするために、無償取得の定めはどのような内容である必要があるのでしょうか。

A　法定の無償取得事由を定める必要があります。

特定譲渡制限付株式であるためには、一定の内容の無償取得条項を定めなければなりません（Q34、Q37）。

特定譲渡制限付株式として認められるために必要な無償取得事由は、役員等が「譲渡制限期間内の所定の期間勤務を継続しないこと」「勤務実績が良好でないこと」といった「**役員等の勤務の状況に基づく事由**」、または「法人の業績があらかじめ定めた基準に達しないこと」といった「**法人の業績等の指標の状況に基づく事由**」に限ることとされています（法令111の２①二、所令84②二）。

また、事前確定届出給与として損金算入が可能な特定譲渡制限付株式は「役務の提供期間に応じて」無償取得されるものに限られ、役務の提供期間以外の事由により無償取得される株式数が変動する特定譲渡制限付株式については、事前確定届出給与として損金算入できません（法法34①・⑤。業績連動給与の問題になります）。

なお、割当契約書において、禁錮以上の刑に処せられた場合等に特定譲渡制限付株式のすべてが没収されるといった旨を規定する例も多いのですが、こうした規定があるとしても事前確定届出給与としての損金計上が認められない事由には該当しないと考えられます※12。

無償取得の手法としては、種類株式を用いるほか、普通株式を用いた上で、法人とその役員等との契約において無償取得事由を定めることが考えられます。

Q40 パフォーマンス・シェアの損金算入のための注意点

Q パフォーマンス・シェアを発行しようと思っていますが、損金算入のために注意すべき点はどのようなものでしょうか。

A 算定方法の手続の適正さには注意が必要です。

株式報酬にも業績条件を付けるなど業績連動報酬の性質が付与される例が増えており、パフォーマンス・シェアが採用される場面も増えてきているように思われます。

パフォーマンス・シェアを法人税法上の業績連動給与として損金算入するためには様々な要件がありますが、算定方法の手続の適正

※12 経済産業省「「攻めの経営」を促す役員報酬」(2023年3月時点版) 59頁

さには注意が必要です。算定方法の手続としては、職務執行期間開始日の属する事業年度開始から３か月を経過する日等までに、報酬諮問委員会の諮問等で、その算定方法に関する決定手続を経ること、その算定方法の内容を有価証券報告書で開示することを求めるといったことが要件とされています（法法34①三イ(2)・(3)、法令69⑬～⑱)。任意の指名委員会・報酬委員会の利用も積極的に検討すべきです（**コラム６**（142頁）参照)。

報酬諮問委員会の構成員は、独立職務執行者がその過半数を占めなければなりません（法令69⑯三)。

独立職務執行者は、以下に掲げる条件を満たす者です。証券取引所における独立役員の基準（いわゆる「独立性基準」）と概ね同等の要件ですので、証券取引所が求める「独立役員届出書」の対象となる者は原則として独立職務執行者の要件を満たすと考えられます※13。

算定方法の決定手続の終了日の属する会計期間開始日の１年前の日から当該決定手続の終了日までの期間内において、以下の立場でないものをいいます。 ①　当該会社の主要な取引先である者またはその業務執行者 ②　当該会社を主要な取引先とする者またはその業務執行者 ③　当該会社の親会社の取締役等である者 ④　これらの親族である者等

また、報酬諮問委員会において決議をする際に、委員である業務執行役員が自らに支給される給与に係る決議に参加していないこと

※13　経済産業省「「攻めの経営」を促す役員報酬」(2023年３月時点版）91頁

が求められます。

コラム６　任意の報酬委員会

「任意の報酬委員会」とは、法定機関ではないものの、取締役や経営陣に関する報酬制度の設計・運用に第三者の意見を取り入れることで、報酬制度に透明性・客観性を持たせ、投資家からの評価向上や役員に適切なインセンティブを与えることを目的とする委員会です。

□　任意の報酬委員会を設けることのメリット

●　報酬設計の重要性

役員の報酬は、会社の経営において重要な役割を担います。

意思決定等会社において重要な役割を担う役員がどのようにリスクテイクし、どのように積極的に活動するかについて、報酬の設計や内容が重大な影響を与えるからです。

そして、こうした重要な報酬の設計・運用に関する諮問委員会である任意の報酬委員会には、その設置と活用を通じて企業価値を向上させ、投資家との関係を良好なものとすることが期待できます。

●　投資家との関係

投資家の投資指針において重視されるコーポレートガバナンス・コード等では、経営陣の報酬について、中長期的な会社の業績や潜在的リスクを反映させ、健全な企業家精神の発揮に資するようなインセンティブ付けを行うべきであるとされ、そのために、客観性・透明性ある手続に従い、報酬制度を設計し、具体的な報酬額を決定すべきとされます。

そして、こうした体制を設けるために、一定の場合には任意の報酬委員会を設け、委員会の適切な関与・助言を得ることが求められています。

このように、任意の報酬委員会の設置・活用は、対投資家との関係において重要なことであり、投資家との関係性を良好なものとすることが期待できます。

東京証券取引所「コーポレートガバナンス・コード」

原則４－２（取締役会の役割・責務（2））

経営陣の報酬については、中長期的な会社の業績や潜在的リスクを反映させ、健全な企業家精神の発揮に資するようなインセンティブ付けを行うべきである。

補充原則４－２①

取締役会は、経営陣の報酬が持続的な成長に向けた健全なインセンティブとして機能するよう、客観性・透明性ある手続に従い、報酬制度を設計し、具体的な報酬額を決定すべきである。その際、中長期的な業績と連動する報酬の割合や、現金報酬と自社株報酬との割合を適切に設定すべきである。

原則４－10（任意の仕組みの活用）

上場会社は、会社法が定める会社の機関設計のうち会社の特性に応じて最も適切な形態を採用するに当たり、必要に応じて任意の仕組みを活用することにより、統治機能の更なる充実を図るべきである。

補充原則４－10①

上場会社が監査役会設置会社または監査等委員会設置会

社であって、独立社外取締役が取締役会の過半数に達していない場合には、経営陣幹部・取締役の指名（後継者計画を含む）・報酬などに係る取締役会の機能の独立性・客観性と説明責任を強化するため、取締役会の下に独立社外取締役を主要な構成員とする独立した指名委員会・報酬委員会を設置することにより、指名や報酬などの特に重要な事項に関する検討に当たり、ジェンダー等の多様性やスキルの観点を含め、これらの委員会の適切な関与・助言を得るべきである。特に、プライム市場上場会社は、各委員会の構成員の過半数を独立社外取締役とすることを基本とし、その委員会構成の独立性に関する考え方・権限・役割等を開示すべきである。

金融庁「投資家と企業の対話ガイドライン（改訂版）」

3－5（経営陣の報酬決定）

経営陣の報酬制度を、持続的な成長と中長期的な企業価値の向上に向けた健全なインセンティブとして機能するよう設計し、適切に具体的な報酬額を決定するための客観性・透明性ある手続が確立されているか。こうした手続を実効的なものとするために、独立した報酬委員会が必要な権限を備え、活用されているか。また、報酬制度や具体的な報酬額の適切性が、分かりやすく説明されているか。

● 企業価値向上

報酬制度が会社の経営戦略の点から、役員に適切なインセンティブとなるように設計されている場合には、報酬制度の仕組みを通じて企業価値向上に貢献します。こうしたインセンティブ付けとして適切な内容を検討するために、代表取締役のみで検討するより、社外取締役等の客観的な意見も取り入れて検討することが有益です。

● リテンションに貢献

代表取締役の一存で個々の役員の報酬を決めると、状況によっては役員同士の関係性が悪化するケースもあり、リテンションの観点から望ましくない場合があります。こうした場合にも、任意の報酬委員会の意見を踏まえて個々の役員の報酬を検討することは有益です。

● 支給後の事後調整を行いやすくする

新たな感染症の蔓延、戦争、インフレの進行、異常な物価高や為替変動など激変する環境下において、株価や業績がこうした外部環境に連動して影響を受けることがあります。このようにして株価や業績に悪影響が生じ、役員が業績連動報酬を受給できない（行使できない）事態になることがあります。投資家の視点を尊重すればその結論で良い場合もあるでしょうが、一方で役員が十分な努力を積み重ねていた場合には、役員の視点からすると必ずしも適切な結論とはならない場合もあります。

このように、インセンティブとしての機能をもたせるために、経営努力との関連性が希薄な外部環境の悪影響の要素を取り除いて業績評価を行うなどして、事後的に給付内容を調整するべき場合があります。このとき、恣意性を排除するため、報酬委員会が客観的・独立的に審議することで、投資家への説明責任に耐えるとともに、株式報酬制度を健全なものとして機能させる役割を報酬委員会に期待することもできます。

● 業績連動報酬の損金算入の要件を支える

役員に対する業績連動報酬を損金算入するための要件とし

て、所定の日までに報酬委員会（その委員の過半数がその法人の独立社外取締役であるものに限り、その法人の業務執行役員または業務執行役員と特殊の関係のある者が委員となっているものを除きます）の決定（その報酬委員会の委員である独立社外取締役の全員が決定に係る報酬委員会の決議に賛成しているものに限ります）その他適正な手続を経ていることが求められます。

□ 任意の報酬委員会の構成メンバー

報酬委員会委員に必要な能力は、報酬に関する法務・会計・税務の知見など技術的な能力に加えて、外部・内部のビジネス環境を踏まえて最適な報酬構成を検討する能力です。典型的には弁護士や会計士などです。

現状の任意の報酬委員会の構成メンバーについて、役員以外の者をメンバーに加えている会社はわずか数パーセント程度であり、ほとんどが社外役員を含む役員で構成されています。経済産業省「社外取締役の在り方に関する実務指針」の心得１でも、社外取締役の最も重要な役割は経営の監督であり、その中核は経営を担う経営陣（特に社長・CEO）に対する評価と、それに基づく指名・再任や報酬の決定を行うことであるとされています。

以上を踏まえて、社外役員の中から報酬委員会のメンバーとなるに相応しい者を選抜する（あるいは報酬委員会のメンバーとなるに相応しい者を社外役員として登用する）ことを検討します。

□ アドバイザーの活用

役員陣のみでの対応が難しい場合には、任意の報酬委員会のアドバイザリーとして上記の能力を保有する専門家の助言、サポートを得ることも重要です。

コラム7 報酬制度の設計・運用のための報酬アドバイザー

どのような水準の報酬としたらよいか、報酬の内容や構成をどのようにしたらよいかなど、報酬委員会のメンバーでは必ずしも見当がつかない場合、外部のアドバイザーに頼ることも選択肢となります。

□ 報酬設計の多様化

役員報酬は、固定報酬と業績連動報酬で構成されることが通常ですが、このうち株式報酬は約50%超の上場企業で導入されています。導入されているスキームは1種類だけにとどまっているケースが大半ですが、昨今では多様な報酬制度設計を導入している会社も現れてきています。これは、自社の報酬戦略を遂行するための適切な株式報酬制度を設計するためには、複数のスキームを用いるべき場合があるからです。

□ アドバイザーの有用性

こうした多様な報酬制度の設計のためには、法務・会計・税務等の技術的な能力が広く求められます。この点で、任意の報酬委員会メンバーなど役員陣のみで検討することが難しい場合もあります。

このような事情を踏まえて、最適な報酬制度構築のために必要となる能力（報酬に関する法務・会計・税務の知見など技術的な能力や、外部・内部のビジネス環境を踏まえて最適な報酬構成を検討する能力など）を有する者（典型的には弁護士、公認会計士や専門のコンサルなど）を報酬委員会のアドバイザーとして登用することは、米国の大手上場企業では当然のことになっており、国内でも増加傾向にあります。

アドバイザーのサポートによって、報酬委員会の議論・決定がより客観的で深くなり、報酬委員会の決定内容の質が向上し、これによって自社の状況や経営戦略に照らした最適な株式報酬制度の設計・運用を実現することが期待されます。

特に現行の報酬制度を見直すときや、報酬類型を新たに設けるときなど、報酬委員会のメンバーのみで対応することに不安のある場合には、アドバイザーの登用を検討することが有益といえます。

第6　従業員採用活動での利用のリスク

Q41　賃　金　性

Q　優秀な従業員を採用するために、株式報酬を用いたいと思っています。労働基準法には賃金の通貨払原則などの規制がありますが、どのように対処したらよいのでしょうか。

A　そもそも賃金性をもたせない設計が可能かを検討します。

1　労働基準法上の規制や民法上の規制

優秀人材を登用するため、株式報酬付与を採用に当たっての条件としてリクルートする場合があります。

しかし、これらには様々な論点があります。

会社と従業員の関係には労働基準法の適用がありますが、そこで会社が従業員に付与する報酬が「賃金」であるとき、通貨払原則（Q41～Q43）や全額払原則（Q41、Q44）をはじめとする労働基準法上の規制や民法上の規制が及ぶことになります。

この原則には例外もあり得るところですが、それは解釈の問題を抱えており、これらに違反する場合にはインセンティブが機能しないどころか、違法行為として契約の有効性に問題が生じたり、未払賃金として請求対象となったり、最悪の場合には罰則の対象となるなどのペナルティを受けるおそれもあります。

そこで、そもそもこの原則の適用がない設計、つまり株式報酬が「賃金ではない」という設計にすることを検討するべきです。

2　賃金かどうかの区別

⑴　労働基準法上の「賃金」

賃金自体は労働契約法などにも定めがありますが、リスクの点からは労働基準法上の「賃金」該当性が特に問題となります。労働基準法上の「賃金」に該当すると、通貨払原則や全額払原則といったような賃金保護規定が適用され、それらの違反については刑罰による罰則もあるためです。

同法では「賃金」について、「賃金、給料、手当、賞与その他名称の如何を問わず、労働の対償として使用者が労働者に支払うすべてのもの」と定義しています（労基法11）。

⑵　「労働の対償」性

これを要素に分解して検討すると、まず「労働の対償」であることが賃金の要件となります。「労働の対償」かどうかの判断は容易ではないため、行政実務上は、「労働の対償」としての賃金ではない金銭的給付のカテゴリーとして、Ⓐ任意的恩恵的給付、Ⓑ企業設備・業務費、Ⓒ福利厚生給付という３つの概念を立て、これらに該当するものは「賃金」ではないと処理されているとされます[※14]。

まず、Ⓐ任意的恩恵的給付は、結婚祝金、死亡弔慰金などが典型例です。退職手当や賞与なども、支給するか否か、支給の基準や条件がもっぱら使用者の裁量に委ねられているかぎりは、任意的恩恵的給付にカテゴリーされます。しかし、これらであっても、労働協約、就業規則、雇用契約などの就業条件においてあらかじめ支給条件が明確にされ、この条件を満たす場合に使用者に支払義務を生じさせるものは、もはや任意的恩恵的給付ではなく「労働の対償」であって、賃金となります。

Ⓑ企業設備・業務費は、作業服、出張旅費、社用交際費などが典型例です。なお、その支給基準が定められている場合には賃金となります。

Ⓒ福利厚生給付は、労働者の福利厚生のために支給するものです。生活資金・教育資金などの資金貸付、労働者の資産形成のための金銭給付、住宅の貸与などが典型例です。なお、家族手当や住宅手当についても、上記と同様に賃金規程等で制度化されて就業条件の内容をなし、支給条件が明確化されているかぎり、もはや福利厚生給付ではなく「労働の対償」であって、賃金となります。

(3) 「使用者が労働者に支払うもの」という要素

また、「賃金」該当性のもう一つの要件として、「使用者が労働者に支払うもの」という要素があります。

例えばレストランなどでの客からのチップは使用者が支払うものではないので「賃金」には該当しないものの、サービス料として店が受け取った金額について一定の計算式で労働者に分配される場合は「賃金」に該当するなどと説明されます※15。

※14 菅野和夫『労働法　第12版』421頁以下（2019、弘文堂）
※15 菅野和夫『労働法　第12版』423頁（2019、弘文堂）

3　賃金に及ぶルール

賃金に及ぶルールには、民法上のものと労働法上のものがあります。

(1)　民法上のルール

民法上は、後払原則（民法624。労働が先、賃金は後という原則）、履行割合支払原則（民法624の２。一定の場合にすでにした履行の割合に応じて賃金を請求できるという原則）、使用者の責めに帰すべき事由のある場合のノーワークノーペイ原則の排除（民法536）といったルールがあります。

株式報酬を付与する際には、その割当契約や要項などによって、これら民法上のルールは必要に応じて修正されて規律されています。この点、民法上のルールそのものは強行法規ではないものの、後記の労働法の趣旨を踏まえ、具体的な事実関係によっては著しく不当な場合には無効となって、民法のルールどおりの法律関係として処理される可能性もあり得る点には注意が必要です。

(2)　労働法上のルール

賃金は、労使間の力関係に差がある中で通常ある程度集団的に決定されるものです。このため、労使対等の交渉・やりとりが実現するよう法が後見的に介入するべき場面があり、この観点から労働法上様々なルールが設けられています。例えば、通常時の賃金支払いの確保のための方策として通貨払原則、直接払原則、全額払原則などが定められています。これらは、労働者の生活の糧である賃金が全額確実に労働者の手に渡るようにするための原則です。

株式報酬の関係では特に通貨払原則、全額払原則が問題となります（Q42～Q47）。

他にも、国籍・信条・性別・労働組合の正当な活動・育児・介護等の一定の事由による賃金の不利益取扱いの禁止や、同一労働同一賃金の原則なども関係する場合もあり得ます。

④　新株予約権の賃金性

まず、新株予約権の検討です。

行政解釈（平成９年６月１日基発第412号）では、「ストック・オプション制度では、権利付与を受けた労働者が権利行使を行うか否か、また権利行使するとした場合において、その時期や株式売却時期をいつにするかを労働者が決定するものとしていることから、この制度から得られる利益は、それが発生する時期および額ともに労働者の判断に委ねられているため、労働の対償ではなく、労働基準法第11条の賃金には当たらないものである。」とされています。

つまり、ストック・オプションは、そもそも賃金ではないため、通貨払原則等の諸原則が問題にならないと整理されているのです（逆に、（当然のことですが）会社が一方的に、従業員の賃金（月給など）の代わりにストック・オプションを支給することは許されません）。

もっとも、ストック・オプションを制度として導入するのであれば、賃金ではないとしても労働条件の一部を構成することになるため、就業規則に記載しなければなりません（労基法89①十、平成９年６月１日基発第412号）。このように制度化されたストック・オプションの内容を変更したり廃止したりするためには、就業規則の変更手続（労基法89、90）と、これに基づく労働条件の不利益変更手続（労契法10）を経る必要があります。

5　株式の賃金性

次に株式です。

報酬として交付する株式が賃金に該当するかどうかについては、長らく公的な解釈が示されていない論点でした。しかし、現在では一定の要件を満たす場合は、通常、「福利厚生施設」に該当することが考えられるとするなど、一定の整理がなされています※16。

具体的には、実態等をみて総合的に判断されるべきではあるものの、一定の要件（以下の①～③のすべて）を満たす場合には、「賃金」には該当しないものと整理されています。

① 通貨による賃金等（退職金などの支給が期待されている貨幣賃金を含む。以下同じ）を減額することなく付加的に付与されるものであること。
② 労働契約や就業規則において賃金等として支給されるものとされていないこと。
③ 通貨による賃金等の額を合算した水準と、スキーム導入時点の株価を比較して、労働の対償全体の中で、前者が労働者が受ける利益の主たるものであること。

（経済産業省「「攻めの経営」を促す役員報酬（2023年３月時点版）」より一部修正）

上記③のように、通貨による賃金等が労働者の受ける主な利益であれば、自社株式付与の福利厚生性を肯定する方向に働きます。この点、退職金のために導入されているなどその支給時が退職時として設計されている場合には、退職するタイミングを予測できず、その時価をあらかじめ見込むことは不可能です。こうしたときには利益の大小ではなく、制度設計として、通貨による賃金等および自社

※16　経済産業省「「攻めの経営」を促す役員報酬（2023年３月時点版）」100頁

株式給付によって得られる利益のいずれが主で、いずれが補助的なものと解されるかどうかによって整理されるとの見解が示されています※17。

なお、任意的恩恵的給付に該当しないか、という点も検討の余地があると考えます。従業員退職時給付型スキームにおける自社株式の給付については、労働者の個人的な吉凶禍福に際して支払われるような任意的恩恵的給付ではないと整理されているとおり※18、一般には難しいと思われますが、支給するか否か、支給の基準や条件がもっぱら使用者の裁量に委ねられているかぎりのものとして設計すれば、任意的恩恵的給付にカテゴリーされ、賃金性が否定される余地もあるように思われます。

6 新株予約権と株式の賃金性の扱いの違い

以上のように、新株予約権の場合には賃金性の問題は比較的単純に解消され得るものですが、株式の場合には、福利厚生給付あるいは任意的恩恵的給付に該当するかについて、一定の要件を個別具体的な事情をもとに検討しなければなりません。

なお、新株予約権と同様、株式による報酬が社内で制度化されている場合、就業規則制定の必要性や不利益変更手続が必要であることは、新株予約権の場合と変わりがないものと考えられます。

※17 経済産業省・新たな自社株式保有スキーム検討会「新たな自社株式保有スキームに関する報告書」27頁、経済産業省「「攻めの経営」を促す役員報酬（2023年３月時点版）」101頁

※18 経済産業省・新たな自社株式保有スキーム検討会「新たな自社株式保有スキームに関する報告書」24頁

Q42　通貨払原則の問題（例外的な扱い）

Q 従業員に株式報酬を付与したいと思っています。賃金に該当しないと断言できないときには、賃金の通貨払原則との関係でどのように対処したらよいのでしょうか。

A 賃金性をもたせない設計を検討するべきですが、これが確実でない場合には、仮に賃金に該当するとしても通貨払原則に違反しないように、必要な手当を講じます。

まず、通貨払原則（労基法24①）とは、賃金は通貨で支払わなければならないという原則です。労働基準法は、労働者の生活の糧である賃金が全額確実に労働者の手に渡るように、賃金の支払いについて種々の原則を定めており、通貨払原則はそのうちの一つです（従業員への株式報酬設計でよく問題になるもう一つの全額払原則についてはQ44）。

この原則における「通貨」とは、日本国において強制通用力ある貨幣（硬貨）および日本銀行券（紙幣）を意味します。株式や新株予約権は通貨には該当しないため、もし株式報酬が「賃金」と評価されれば、通貨払原則違反のおそれがあるということになります。

この原則には例外があることが、労働基準法24条1項但書きに明記されています。

このうち、株式報酬と関係があるものは、「労働協約に別段の定めがある場合」です。労働組合との間で労働協約を適法に締結することにより、株式報酬の付与について通貨払原則の適用を免れることができます。この労働協約は労働組合法14条の効力要件を満たすことで足り、多数組合との協定であることは求められていません(この点、全額払原則の例外と異なります)。

なお、労働協約の性質上当然の帰結ではありますが、通貨払原則の免除の効力は、その労働協約が一般的効力（労組法17）を有する場合を除き、当該組合の組合員にのみ及ぶと解されます。

また、裁判例上では、労働基準法24条１項に明示された例外に限定されず、自由意思に基づく真摯な同意があれば通貨払原則に違反しないものとするものもあります（ジャード事件判決、リーマン・ブラザーズ証券事件判決など。Q43)。

学説上は、こうした裁判例のように法に定められている事項以外に通貨払原則に例外を認めてよいとする見解もあるものの、これを否定する見解もあります。先例的拘束力をもった最高裁の判例が出ていないため、学説・実務上も不安定な状況ではあり、慎重な対応が必要です（Q44で解説するように、全額払原則では最高裁判例で自由意思での真摯な同意があればよいとされている状況であるため、その意味では通貨払原則については、全額払原則よりもさらに慎重に対応すべき論点といえます)。

こうした法解釈を踏まえた実務上の対応の一例としては、実際に現金にて一度支払った後、従業員側から払込みをしてもらう（または従業員の同意を得て口座引落しや自動送金の設定をしてもらう)、といった対応が考えられます。

Q43　通貨払原則の問題（裁判例）

Q　実際、通貨払原則を巡って紛争になることはあるのですか。

A　あります。例えば、ジャード事件判決およびリーマン・ブラザーズ証券事件判決が挙げられます。

1　通貨払原則を巡って紛争となるとき

従業員採用活動のためにインセンティブ付与を約束することに伴って、紛争になることがあります。

会社の業績が好調なときや、行使条件に支障がないときには問題ないのですが、会社の業績が不調で株価が下落したとき（究極的には倒産して無価値になったとき）や、行使条件に支障があるようなとき（在籍条件を満たさないときなど）には、紛争になることがあり、ときに裁判にまで発展します。

代表的なものが、ジャード事件判決とリーマン・ブラザーズ証券事件判決です。

2　ジャード事件判決

(1)　事案の概要・論点・結論

ジャード事件判決（東京地判昭和53・2・23労判293号52頁）は、会社の成長に対するインセンティブを与える目的のもと、従業員に株式を保有させるための制度に基づいて、原告に賞与債権を付与し、これを新株引受の代金に当てさせて株式を保有させたことについて、原告が、これは賃金の通貨払原則に違反すると主張し、付与されていた賞与債権の券面額相当の支払いを求めた訴訟です。

裁判所は、具体的な事実関係の下で、一部については、賃金に該当することを認め、かつ通貨払原則に違反するとし、原告の請求を認容しました。他方、もう一部については、賃金該当性を否定し、原告の請求を棄却しました。

(2) 論点①——当該制度に基づく株式が労基法上の「賃金」に該当するか

労働基準法上の「賃金」とは、名称にかかわりなく、労働の対償として使用者が労働者に支払うすべてのものをいいます（労基法11）。ここからは、いわゆる任意的・恩恵的給付、福利厚生給付および企業設備・業務費は除外されるところですが（Q41）、同社の制度に基づく株式がどのように評価されるかが論点となりました。

被告会社は、いわゆる従業員持株制度実現のために恩恵的に株式を付与するものであり、増資の際の新株払込金に当てるために臨時賞与を計上する手続をとったにすぎないと主張しましたが、裁判所は、「愛社精神の涵養、従業員の定着等を図る目的で従業員に自社株を与える際、従業員に新株を引受けさせ新株払込金相当額の臨時賞与を従来の賞与に上積みして支給するなどの便宜的手続がとられることもあり、また一応原告らには夏一、二か月分、冬二、三か月分の現金賞与が支給されていること」を前提としつつも、「書面をもって各従業員に対し、同年暮の賞与は過去六か月間の勤務成績を査定し、その貢献度に応じて支給するもので更に今後四半期毎に一定割合の利益を評価基準に従って配分する旨明らかにして、一律支給部分のほかに査定方式採用による労働の公正な評価を約して」いることから、「過渡的とはいえ本件株式もその一環として同様の基準を前提として支給されたということができる」として、さらに「管理職たる原告においては本件株式部分を除いては他にその労働が報われる部分はなかった」ことや、他の従業員も株式支給を約されていることなどから、原告に支給された株式がその労働の対償として他従業員と均衡を失するものとはいえないといった事情などを総合考慮して、賞与分の一部については原告の労働に対する対償としました。

なお、もう一部の方については、裁判所は明確に書面をもって賞与として支給する旨約したものではないことや、支給基準等もないことから、原告ら従業員の期待のもとに付与が約されたものではないこと、ほかに原告の労働の対償としての関連性を認めるべき事情もなく、対象者も限られていることを考慮して、「役員又は幹部として育成する目的で［…］任意的、恩恵的に同社株を与える旨約したもの」とし、「雇用契約に基く原告の労働の対償たる賞与として約されたものではなく、いわば贈与である」として原告の請求を棄却しました。株式付与のために臨時賞与を計上していたことについては、「給与所得として控除を受けさせるためおよび自己株の取得が禁止されているために便宜的にとられた手続ということができるから右判断を左右しない」としました。

(3) 論点②――通貨払原則に法定外の例外が認められるか

賃金性を認定された部分の株式報酬について、裁判所は、「従業員持株制度を実効あらしめるために、取得するか否かについての従業員の意思の考慮、取得した株式の譲渡の可否、制限、退職時の株式の換金方法などの諸点について慎重に検討したとはいえず、かえって原告の意思に反して本件株式の支給を約したうえ、支給せず、労働意欲を喪失させる結果を招いた」ことなどを認定・評価した上で、「本件株式は労働基準法11条の労働の対償と解されるから本件株式により支給するとの部分は同法24条１項の実物給与の禁止に反し、無効」と判断し、通貨払原則違反の結論を導いています。

これは、あくまでも本件事案の下での株式報酬が通貨払原則に違反するとしたものにとどまり、従業員の意思等の諸事情を慎重に検討していれば、同原則違反に問われない場合もあることを示唆しているとも解釈できます。

3　リーマン・ブラザーズ証券事件判決

株式報酬と通貨払原則違反の関係を巡って争いになったもう一つの裁判例が、リーマン・ブラザーズ証券事件判決（東京地判平成24・4・10労判1055号８頁）です。

(1)　事案の概要・論点・結論

在職中に条件付き株式褒賞（投資銀行の株式を５年後に取得できる権利）を付与された後に投資銀行が倒産したところ、原告（従業員）が、株式褒賞の付与は通貨払原則に反しており、褒賞分の金銭が支払われるべきであると主張して、金銭の支払いを求めた訴訟です。

この事案では、主に、①株式褒賞が労働基準法上の「賃金」に該当するか、②賃金に該当するとして、これが通貨払原則に違反するかが論点となりました。

裁判所は、具体的な事実関係の下で、褒賞（株式報酬）が賃金に該当することを認めましたが、褒賞（株式報酬）を受領することについて原告の自由な意思があり、通貨払原則に違反しないとして、原告の請求を退けました。

(2)　論点①――株式褒賞が労基法上の「賃金」に該当するか

ジャード事件判決と同様、株式報酬が労働基準法11条にいう「賃金」に該当するか論点となりました。裁判所は、株式褒賞の算定基準が株式褒賞プログラムに定められており、同プログラムや原告との雇用契約において株式褒賞は報酬や賞与の一部と記載されていること、給与明細上現金賞与と株式褒賞の額が区別されて通知されていること等を考慮して、株式褒賞は任意的・恩恵的給付ではなく、賃金に当たると認められるものとしました。

(3)　論点②――通貨払原則に法定外の例外が認められるか

通貨払原則について、労働者の完全な自由意思による合意があればその適用を免れることができるかどうか（Q42）が論点となりました。

裁判所は、「賃金全額払の原則に関する最高裁判例として、同原則の趣旨とするところは、使用者が一方的に賃金を控除することを禁止し、もって労働者に賃金の全額を確実に受領させ、労働者の経済生活を脅かすことのないようにしてその保護を図ろうとするものというべきであるが、使用者が労働者の同意を得て相殺により賃金を控除することは、同意が労働者の自由意思に基づいてなされたものであると認めるに足りる合理的な理由が客観的に存在するときには、同原則に反するものではなく、有効であるとしたもの（最高裁判所平成２年11月26日第二小法廷判決・民集44巻８号1085頁）が存するところ、賃金通貨払の原則に関しても、基本的に同様の趣旨が妥当するというべきである」としました。

その上で、「上記判例がその基礎とする最高裁判所昭和48年１月19日第二小法廷判決・民集27巻１号27頁［…］は、労働者による退職金請求権放棄の意思表示の効力について、西日本の総責任者の地位にあった当該労働者が、退職後直ちに競争会社に就職することが判明しており、在職中の経費の使用について書面上つじつまの合わない点から会社が疑惑を抱いてその疑惑にかかる損害の一部を填補させる趣旨で退職金請求権の放棄を求めた等の事情があるときは、当該退職金請求権放棄の意思表示は、その自由な意思に基づくものであると認めるに足りる合理的な理由が客観的に存在したものとして有効とすべきであると判示している。これは、当該意思表示を有効と認める上では、当該労働者が、一応、放棄の意思を自由に形成したと認めるに足りる事情があればよいとする見解であり、自由意思に基づくと認めるためには、いささかの不合理性もあってはならないとする見解を排斥したものと解される」（下線引用者）とし、自由な意思に基づく同意の認定に係る基準についていささかの不合理性もあってはならないとの厳格な立場を排斥し、労働者が、一応、放棄の意思を自由に形成したと認めるに足りる事情があればよいとしました。

(4) 論点③――通貨払原則の例外要件を満たす事情があるか

以上の基準をもとに、裁判所は、以下の事実と評価をもって、原告(従業員)が株式褒賞の形で賞与の支給を受けることおよびその割合については、同人の自由な意思に基づいて合意されたものであると認めるに足りる合理的理由が客観的に存在すると判断しました。

ア　原告と証券会社の間の雇用契約締結の経緯

原告が雇用契約締結に至る交渉の中で、被告会社において通例認められていなかった条件を認めさせていることや、極めて高額な賞与支給の合意を取り付けていることなどから、「原告は対等以上の立場において交渉に臨み、極めて有利な条件で雇用契約締結に至っている」と評価しました。

イ　証券業界における報酬の水準等

外資系証券会社において、高額の報酬を支給される従業員に対しては、株式褒賞を含める形で賞与を支給することは一般化していること、現金賞与と株式褒賞の割合も概ね半分ずつとごく一般的な定め方であったとしました。

ウ　原告が契約締結時や給与明細交付時に株式褒賞の付与に異議を述べていないこと

原告は、雇用契約締結時はもとより、その後本件給与明細の交付を受けた際にも何らの異議を述べておらず、報酬中、本件株式褒賞の占める割合についても真意に基づき承諾していたことが推認されるものとしました。

エ　原告の知識・報酬環境等から保護に欠けるとまでいえないこと

原告は､長年証券業界で勤務してきた者であり､株式等に関する知識を十二分に有していた上、原告が、賞与総額の約半分である約１億9,000万円という巨額な金額を現金賞与として受領したことからしても、賞与の約半分を株式褒賞の形で支給するからといって､原告の保護に著しく欠けるとまではいえず､通貨払原則を定めた労働基準法24条の趣旨に反するとはいえないとしました。

オ　制度の合目的性

極めて高額な報酬額を約する雇用契約において、株式褒賞を含める形で賞与を支給することは、労働者側に会社の実質的所有者として行動するモチベーションを与えつつ、企業業績が向上し株価が上昇すれば労働者にもメリットをもたらすという意味で合目的な制度であるといえるとしました。

カ　株価の著しい変動の可能性（株式褒賞決定時から実際の株式交付時までの間の価格変動について考慮するべきか）

原告は、賞与として、2007年当時時価総額の大きな上場企業株式であった投資銀行の株式が交付されるのであれば、被告の真意に基づく有効な合意が存在したとの解釈が成り立ち得ないわけではないが、本件では、現実に株式が交付される前の段階で無価値となったものであるから、そのような場合にまで自由な意思に基づく合意が存したと解することは、当事者の合理的意思にも合致せず、正義・公平に反し、弱い立場の労働者を不当に不利な立場に追い込むものであると主張しました。

この点、裁判所は、「原告が株式に関し十分な知識を有せず、かつ十分な交渉力も有しないまま不利な契約条件を押しつけられたというのならば、原告主張のように考えることにも一理あるところである。しかし、既にみたように、原告は、株式等に関する知識を十二分に有していたものであり、株価上昇のメリットがある一方で、下落のリスクもあることを熟知した上で合意に至っている。また、原告は、自己の希望を契約条件に盛り込むことができるほど十分な交渉力を有していたものであるし、2007年度には巨額の現金賞与の支給も受けていたのである。このような状況下において、現実に株式の交付を受けていなかったという一事をもって、当該合意が自由な意思に基づかないものと評価することは、前記昭和48年最判の説示する趣旨に反するというべきである。むしろ、原告が、重ねて本件株式褒賞相当額を現金で支払うよう請求できるというのは、かえって、原告を不当に利するものであって、契約当事者の合理的意思に反するといわなければならない。」として、原告の主張を斥けました。

Q44　全額払原則の問題

Q 優秀な従業員を採用するために、株式報酬を用いたいと思っています。賃金の全額払原則との関係で問題があると聞いたのですが、どのように対処したらよいのでしょうか。

A そもそも賃金性をもたせないように設計・準備して行います。賃金性をもった設計でリクルートする場合には、賃金の全額払原則との関係に配慮しなければならないので、必要な手当を講じます。

全額払原則とは、賃金は一部控除できずその全額を支払わなければならないという原則です。労働基準法24条1項は、労働者の生活の糧である賃金が全額確実に労働者の手に渡るようにするために、賃金の支払いについて種々の原則を定めており、これはそのうちの一つです。

株式報酬についても、例えば、発行会社への払込義務と付与対象者（労働者）が発行会社に対して有する賃金債権とを、発行会社（使用者）が一方的に相殺することは、賃金の全額払原則との関係から許されません。

この全額払原則の例外が労働基準法24条1項但書きに明記されていますが、このうち株式報酬と関係があるのは、「当該事業場の労働者の過半数で組織する労働組合があるときはその労働組合、労働者の過半数で組織する労働組合がないときは労働者の過半数を代表する者との書面による協定がある場合」です。この労使協定を締結することにより、賃金性のある株式報酬に関する全額払原則違反の問題は解消するので、株式報酬を制度化するに当たってその締結は必須です（ただし、Q48にて解説するように、労働者個々人の労働契約における労働条件変更の問題は別問題であり、労働協約または就業規則に定めるか、対象労働者の同意を得なければならないことに注意します）。

また、最高裁は、会社と労働者との間の合意相殺についての判示ですが、労働者の自由な真摯な意思に基づいてされたものであれば賃金の全額払の原則に反するものではないものとして、全額払原則の例外を法律上明示された例外に限定されない立場を明らかにしています（最判平成２・11・26民集44巻８号1085頁）。株式報酬と全額払原則の関係についても、基本的には、この最高裁の考えに準拠してよいと考えますが、一方で、労働基準法の強行法規としての性質などから判例の考えに有力な疑問が投げかけられている状況でもあるため※19、慎重な対応が必要です。

例えば、Q42にて解説したように、賃金全額を現金で支払った上で従業員側から払込みをしてもらうか、従業員の同意の下、賃金債権を払込みに充てるといった処理が考えられます。後者の場合、真摯な同意があったことを会社側が立証できなければ、全額払原則に違反したものと評価されるおそれがあるため、証拠を残しておく必要があります。

なお、これらを制度として導入する場合には、就業規則への定めが必要です（労基法89二）。

※19 菅野和夫『労働法　第12版』455頁以下（2019、弘文堂）

Q45　通貨払原則や全額払原則に違反するとどうなるか

Q　もしも賃金の通貨払原則や全額払原則に違反すると、どうなるでしょうか。

A　民事上、賃金の未払請求事件として紛争化して裁判になる可能性があるほか、行政上、労働基準監督署からの指導・臨検等が実施される可能性や、刑事上、罰則が科される懸念もあります。

1　民事上の対応

もし、株式報酬制度が通貨払原則や全額払原則に抵触したと判断されることになれば、まず、労働基準法13条の定める強行的直律的効力により、株式等により支払っていたと認定された賃金について、金銭での支給を遡ってしなければならなくなります。

特に比較的規模の大きな企業で、大々的に制度として導入し、多くの従業員に多数交付しているような場合に、株価が急落するようなことがあれば、不満を持つ従業員が多数現れることになります。この際、制度に労働基準法上の弱みがあると、複数の従業員から集団訴訟を提起されるといったような形で紛争化することも懸念されます。

2　行政上・刑事上の対応

また、通貨払原則や全額払原則違反には罰則（30万円以下の罰金。

労基法120一）も付されています。実際の行為者個人に加え会社（事業主）も処罰される可能性があります（労基法121）。

労働基準監督署に所属する労働基準監督官には、労働者や使用者に対する助言や行政指導にとどまらず、事業所に対する臨検、帳簿・書類の提出要求、関係者への尋問、報告・出頭命令といった行政上の強力な権限が付与されています（労基法101①、104の２）。さらに、労働法に関する警察官に相当する存在として刑事訴訟法所定の司法警察員の職務を行うものとされ（労基法102）、逮捕や捜索差押といった強制捜査を行う権限も付与されています。違反の疑いがかけられた場合、通常は助言や行政指導が先行すると思われますが、悪質な場合にはこのような強制的な手段が講じられる可能性もあります。

このような手続を通じて違反が確認されたとき、使用者が賃金支払いのために社会通念上なすべき最善の努力をしていない場合には、労働基準監督署長は使用者に対し期日を指定してそれまでに賃金を支払う旨を厳重に確約させ、この確約に応じないときまたは確約を履行しないときは事件を地方検察庁に送検すべし、といった通達も出されています（昭和24年３月11日基発290号）。万が一送検された場合、検察官が起訴をするか否かの判断を行い、起訴されれば刑事裁判が開かれ、最終的に有罪となれば罰則が科される可能性があります。

Q46　通貨払原則や全額払原則違反の指摘を受けた場合の対応

Q　もしも違反の指摘を受けた場合には、どのように対応するべきでしょうか。

A　賃金性の再確認や、真摯な同意取得プロセスの再確認を行い、場合によっては再度の同意取得などを行います。

通貨払原則や全額払原則の違反を指摘されるようなことがあれば、賃金性の有無（Q41）を確認し、仮に賃金性があるとしても通貨払原則に抵触しないような導入プロセスを経ているか、従業員からの「真摯な同意」を得ているか、そしてこれらを立証し得る状況かを確認します（Q42）。

賃金に該当する可能性がある場合で、プロセスや真摯な同意についての立証に問題がある場合には、事後的ではありますが、付与対象者に再度説明の機会を設け、真摯な同意の有無を確認します。

場合によっては、プロセスのやりなおし（遡って選択権を与えるような手続）を検討すべきケースもあると思われます。

Q47　通貨払原則や全額払原則に抵触しないためには

Q　結局、違反の問題を抱えないようにするためには、どうするべきでしょうか。

A　まずストック・オプションの利用可否を検討します。株式を利用する場合には、設計・発行・付与のプロセスについて賃金性を帯びることのないように慎重に検討し、かつ真摯な同意を得ておきます。

ストック・オプションは、行政通達上原則として賃金ではないと解釈されています（Q41）。インセンティブ付与の検討に当たっては、通貨払原則や全額払原則違反の問題を抱えないように、まず、ストック・オプションで行うことができないかを検討します。これにより十分な効果が期待できる場合には、ストック・オプションを利用することが安全です。

具体的な設計に当たっては、ストック・オプションの付与が賃金性を帯びることのないよう、すなわち「労働の対償」であることの性質を強めすぎて行政解釈（Q41）の前提を覆すようなことのないように設計します。

株式を利用する場合には、Q41の点を考慮して賃金性を帯びていないか、一つひとつの要件を検討します。また、真摯な同意取得のプロセスも経ておくとさらに安全といえます。

もし株式を利用する場合でこうした措置が難しければ、通貨払原則の免除の効力を及ぼすための労働協約（Q42）や、全額払原則の免除の効力を及ぼすための労使協定（Q44）を交わして、法に定められる例外に基づいて進めます。

個別的な事情によって重視される事項は様々ですが、ジャード事件判決やリーマン・ブラザーズ証券事件判決で裁判所が認定し、評価したことは参考になります（Q43）。

既に従業員向けに株式報酬制度を導入済みで、そのプロセスや真摯な同意立証に問題がある場合には、事後的ではありますが、付与対象者に再度説明の機会を設けて真摯な同意の有無を確認します。場合によっては、プロセスのやりなおし（遡って選択権を与えるような手続）を検討すべき場合もあります（Q46）。

Q48　労働契約違反の問題

Q　従業員への株式報酬付与に当たって労働契約違反とならないよう気を付けた方がよいと聞いたのですが、どのように対処したらよいのでしょうか。

A　そもそも労働契約外の一種の恩恵的給付のような設計が可能か検討します。労働条件として明示しなければならない場合、労働契約上、株式報酬の意義、要件等を明確に定め、確実にその内容を履行できるようにします。

労働契約の内容になれば、当然のことですが、そこで定められた内容は従業員の権利となります。会社が一方的に破棄することはできませんし、事後に不利益に変更することについても一定の制限がかかります。

株式報酬の付与をどのように条件付けするかによって、その内容が曖昧だと、あるべき株式報酬の内容について双方の認識が一致せず、紛争になる場合があります。例えばX個のストック・オプションを渡すとしながら、その内容が全然決まっていない段階のものなどです。一口にストック・オプションといっても、どのような行使条件のものかなどで、その意義は全く異なります。

1　不利益変更の手続等

一度労働契約の内容である労働条件として付与した株式報酬は、その従業員の同意を得た上で、かつ、同意が従業員の自由な意思に基づいてされたものと認めるに足りる合理的な理由が客観的に存在しなければ、事後的な不利益変更はできません（労契法8、最判平成28・2・19民集70巻2号123頁）。例えば、労働条件の一部として付与すると決めたストック・オプションの個数を、何らの説明や合理性なく切り下げたり、その行使条件を会社が一方的に増やしたりといったことはできません。

なお、株式報酬の付与を就業規則で制度として定めた場合には、就業規則の最低基準効（労働契約で定める労働条件が就業規則で定める基準に達しない場合に、その労働条件が無効になるという効力。労基法93、労契法12）が働くため、これを労働者の不利益に変更しようとする場合、就業規則の不利益変更の手続が必要です（労契法9、10）。

こうした論点について紛争になった際には、まずは株式報酬の付与が従業員との関係で労働条件になっているかどうかについて、内定通知書、雇用契約書等の採用時書類、就業規則、賃金規程等の社内規程をよく確認します。労働条件になっているといわざるを得ないような場合には、その株式報酬の内容をどのように解釈するべきかが問題になるため、事実関係や双方の解釈をすり合わせて解決することを目指します。

2 恩恵的給付という位置付け

このようなトラブルを予防するために重要なことはやはり、株式報酬を労働条件の一部として組み込むのではなく、労働契約外の恩恵的な給付と位置付けることです。

とはいえ、労働条件の一部に組み込む設計でリクルートしなければならない場面も想定されます。このような場合には、労働契約上、株式報酬の意義や要件等を明確に定め、確実にその内容を履行できるようにします。

制度として導入する場合には就業規則に記載することが求められ、それによって就業規則の最低基準効が生じるため、制度としての導入の必要性はよく吟味します。

Q49　執行役員に対する株式報酬付与

Q 執行役員に株式報酬を付与しようと思いますが、従業員同様に考えるのでしょうか。気を付けるべき点はありますか。

A 執行役員との契約関係次第ですが、雇用に相当する場合には、従業員採用活動での利用リスクが当てはまる点に注意が必要です。

日本では、執行役員という役位を設ける企業が少なくありません。執行役員とは、会社法上の役員には該当しないものの、重要な役割を担う者に与えられる地位で、会社が任意で定めるものです。

その役割の重要性から、執行役員に対しては取締役と類似した給与体系や株式報酬を導入している企業も少なくありません。

執行役員には、その参画形態について、Ⓐ委任契約に基づくものと、Ⓑ雇用契約に基づくものの双方のケースがあります。Ⓑ雇用契約に基づくものについては、従業員として労働基準法に配慮しなければならず、前記で言及したような点に要注意です。また、Ⓐ委任契約に基づくものであっても指揮監督下においているなど実質的に雇用と評価されるような場合には労働基準法の適用がおよび得るので、結局同様に注意しなければなりません。

実質的に雇用と評価されるかどうかについては、旧労働省労働基準法研究会の報告書「労働基準法の「労働者」の判断基準について」（昭和60年12月19日）で示された基準が存在し、多くの裁判例もこの基準に沿って判断しています。

1　「使用従属性」に関する判断基準
　(1)　「指揮監督下の労働」に関する判断基準
　　①　仕事の依頼、業務従事の指示等に対する諾否の自由の有無
　　②　業務遂行上の指揮監督の有無
　　③　勤務場所および勤務時間に関する拘束性の有無
　　④　代替性の有無（他の者の労務提供を認めるか）
　(2)　報酬の労務対償性に関する判断基準
　　①　時間給など労働の結果による較差が少ないか
　　②　欠勤の場合には応分の報酬が減額されるか
　　③　残業時には手当が出ているか
2　「労働者性」の判断を補強する要素
　(1)　事業者性の有無
　　①　機械、器具が著しく高価な場合、これを自身で負担するか
　　②　報酬の額が従業員に比べて高額か
　(2)　専属性の程度
　(3)　その他
　　○　選考過程の従業員との類似性、給与所得としての源泉徴収の有無、労働保険適用の有無、服務規律適用の有無、退職金制度・福利厚生適用の有無など

具体的な労働条件や業務のあり方の個別事情が、労働者性の肯否にどのように影響するかについては多数の裁判例があり、個別の検討が重要です。

第7　その他株式報酬制度全体に関するもの

Q50　業績条件の指標の考え方

Q　業績条件として定める指標は、どのようなものが適切でしょうか。

A　売上高、営業利益、経常利益、当期純利益、EBITDA 等の定量的な指標が採用されます。着眼点に応じて、いくつかの長短があり、会社の成長に適合するためにどういった指標が適切かを検討して設定します。

ストック・オプションの一部やパフォーマンス・シェアについては業績条件（会社が一定の業績を達成することを求める権利行使の条件）を設けますが、業績としてどのような指標を条件に定めるかには様々な考え方があります。

指標は会社の成長に適合するものを設定する必要があり、売上高、営業利益、経常利益、当期純利益、EBITDA 等の定量的な指標が採用されます。これらには着眼点に応じて、いくつかの長短があります。

まず、投資家（株主）からの理解を得やすくするという意味では、営業費用を考慮しない売上高を基準とするのではなく、利益を基準とすることが望ましいといえます。その際、特別損益は会社の当期の業務活動に関係せず、規則的また反復的に生じることのない臨時の利益や損失であるためこれを考慮せず、経常利益をベースにすることが一般的には望ましいものと思われます。

また、恣意的な会計操作がないこと等、条件認定の透明性を重視する場合には、会計処理の過程が少ない売上高などを基準にしたり、会計処理の影響を受けないキャッシュフローを基準としたりするものが望ましいといえます。

さらに、突発的・異常な数字の変動で条件の認定がされることのないよう、一定程度安定的な指標を考慮するべき場合もあります。

採用した指標をもとにどの程度のレベルまで求めるかについても、緩すぎても厳しすぎてもインセンティブとして機能しないため、慎重に検討します。指標の達成度合いに応じて権利実現の割合を変動させるといった設計も可能です。

Q51　株式報酬発行に係る開示規制の注意点（臨時報告書）

Q　当社は上場会社ですが、株式報酬として第三者割当をするに当たり、金融商品取引法上の開示規制について注意することはありますか。特に、臨時報告書の方法によることについて、注意することはありますか。

A　臨時報告書の方法によるためには要件があり、特に株式報酬に定める譲渡制限期間の内容・設計には注意が必要です。なお、発行会社が非上場会社の場合であって、株式の発行が私募に該当する場合には、有価証券届出書・有価証券通知書・臨時報告書の提出はいずれも不要です。

① 有価証券届出書、有価証券通知書、臨時報告書等

まず、株式を発行する場合には有価証券届出書の提出が必要であることが金融商品取引法上の原則です（金商法４①）。

有価証券届出書を提出する場合には、「第三者割当の場合の特記事項」として割当先の状況等（取締役個人の氏名、住所、職業の内容など）を記載することが求められています（金商法５）。

ただし、これには例外があります。

まず、発行価額の総額が１億円未満の場合※20には、有価証券届出書ではなく、有価証券通知書の提出が求められます（金商法４⑥）。もっとも、発行価額の総額が1,000万円以下の場合※21であったり、譲渡禁止条件付ストック・オプションや譲渡制限付株式を発行会社やその完全子会社等の取締役、会計参与、監査役、執行役または使用人のみに対して交付したりする場合には、有価証券通知書の提出も不要となります（金商法４⑥但書き、開示府令４⑤）。

また、発行価額の総額が１億円以上の場合であっても※22、譲渡禁止条件付ストック・オプションや譲渡制限付株式を発行会社やその完全子会社等の取締役、会計参与、監査役、執行役または使用人

※20 有価証券届出書の要否の基準である１億円以上かどうかは、１年間に発行した総額で計算される（金商法４①五、開示府令２⑤）。

※21 一方、有価証券通知書の要否の基準である1,000万円以下かどうかは、その１回の発行のみで判断され、１年間の通算はない。

※22 臨時報告書が必要な場合の、発行総額が１億円以上である場合とは、通算によるものではなく、発行総額のみを基準に判断される（通算規定（開示府令２⑤）は、金融商品取引法４条１項５号にかかるものであり、１号にかかるものではないため）。したがって、通算規定によって１億円以上であったとしても、その回の発行総額そのものが１億円に至らない場合には、臨時報告書の提出でよいとする例外条件を満たさず、原則どおり有価証券届出書の提出が必要になる。

のみに対して交付する場合で、譲渡制限付株式には、交付を受けることとなる日の属する事業年度経過後３か月（外国会社にあっては６か月）を超える期間、譲渡を禁止する旨の制限が付されているものについては、有価証券届出書の提出は不要となり、臨時報告書の提出が求められます（金商法４①一、金商令２の12、開示府令19②二の二）。なお、臨時報告書では、銘柄、発行数、発行価格、勧誘の相手方、相手方と提出会社との取決め内容、譲渡制限付株式と普通株券等の分別管理方法等を記載することが求められます（開示府令19②二の二）。

なお、発行価額の総額が１億円以上である場合で、発行する内容が、譲渡禁止条件付ストック・オプション、現物出資型または無償発行型の株式報酬に該当する場合、それが上記のように発行会社やその完全子会社等の取締役、会計参与、監査役、執行役または使用人のみに対して交付する場合でなかったり、譲渡制限付株式の場合には交付を受けることとなる日の属する事業年度経過後３か月（外国会社にあっては６か月）を超える期間譲渡を禁止する旨の制限が付されていなかったりすると、原則どおり有価証券届出書の提出自体は必要となるものの、「第三者割当の場合の特記事項」の記載が不要となります（開示府令19②一ヲ（2）・（3））。

2　臨時報告書の注意点

通常、インセンティブとして発行する場合には、社内や完全子会社等の役職員に譲渡制限付きで発行します。１億円未満の場合には、一切の報告・通知が不要です。

株式報酬が譲渡制限付株式であって、発行価額総額が１億円以上の場合、手続負担の軽い臨時報告書にて進めるためには、所定の譲渡制限条件を満たすように設計することに注意が必要です。

上記のように、この条件を満たす譲渡制限付株式には、取締役等が交付を受けることとなる日の属する事業年度経過後３か月（外国会社にあっては６か月）を超える期間、譲渡を禁止する旨の制限が付されているものである必要があります。

譲渡制限期間の趣旨は、設計によっては譲渡制限期間満了前の退任や死亡等のように譲渡制限の解除の定めが存在するものがあることを踏まえ、投資家保護の観点から、最低限必要と考えられる期間を譲渡制限期間として規定したものとされています。

このため、同要件を満たすためには、役員等の退任に伴って譲渡制限も解除されることを念頭においたものではないことに留意する必要があります。すなわち、設計上、譲渡制限期間を３か月超に定めていたとしても、退任したときに譲渡が可能となるように設計されている場合で、それが譲渡制限期間中であっても適用されるような場合には、この要件を満たさないことになってしまいます。

有価証券届出書提出義務の適用を受けないものと考えて設計したにもかかわらず解釈を誤っている場合には、結果的に手続負担の重い有価証券届出書に拠らざるを得なくなります。万が一、事後的に手続違反が発覚した際などには、金融商品取引法上の手続違反となってしまいます。

こうしたことにならないように、例えば、譲渡制限解除のタイミングを調整するため、退任した時点が株式の交付を受けることとなる日の属する事業年度経過後３か月を経過する日よりも前の日である場合には本譲渡制限は解除されない、といったことを定めて対処しておくべきです。

③ 発行会社が非上場会社の場合であって、株式の発行が私募による場合

なお、非上場会社において、株式の発行が私募により行われる場合は、上記のように有価証券届出書や、有価証券通知書、臨時報告書を提出する必要はありません。そのため、非上場会社が株式報酬を発行する場合には、発行手続の負担を軽くするために、まず私募による発行を検討すべきといえます。

この点、少人数私募（金商法２③二ハ）に該当するためには、多人数向け取得勧誘（50名以上に対する勧誘。金商法２③一)、適格機関投資家向け取得勧誘、特定投資家向け取得勧誘（金商法２③二イ・ロ）のいずれにも該当しないことが必要です。「50名以上」という点については、通算してカウントする規定があり、過去３か月以内に同一種類の有価証券について少人数私募が行われている場合であって、この期間中における各回の被勧誘者の合計が50名以上である場合には、少人数私募ではなく募集に該当することになります(金商法２③二ハ括弧書き、金商令１の６)。

Q52　適時開示（上場規則における開示）の注意点

Q　当社は上場企業ですが、株式報酬を交付するために第三者割当をする際、適時開示についてはどのような点に注意する必要がありますか。

A　投資者が会社情報を適切に理解するために、必要な事項を適時正確に開示する必要があります。

株式報酬の交付に当たり、払込金額の総額が1億円未満の場合や、無償発行の場合には、軽微基準によって適時開示が不要です。

すなわち、実質同様の内容であっても相殺構成の場合には適時開示が必要で、無償構成の場合には不要と整理されており（有価証券上場規程402一f、有価証券上場規程施行規則401①一）、相殺構成か無償構成かによって適時開示の要否が異なり得る点については注意が必要です。

なお、無償構成に拠ったとしても、積極的に開示したい場合には、任意開示を行うことができます。しかし、たとえ任意開示であっても、適時開示情報であるため、開示資料には、適時開示同様に投資者に対する投資判断材料を提供する観点から適切なものとなるようにする必要がある点に注意が必要です。

開示に当たっては、以下の事項の開示が必要です。

1　発行の概要

⑴　払込期日

⑵　発行する株式の種類および数

⑶　発行価額

⑷　発行総額

⑸　割当予定先（株式の割当ての対象者およびその人数ならびに割り当てる株式の数、または割当予定先の名称）

⑹　その他投資判断上重要または必要な事項

2　発行の目的および理由

・株式報酬制度を採用している目的・考え方

・株式報酬制度の概要（具体的には、金銭債権の上限額、発行株式数の上限、発行総額の考え方、発行（交付）条件、譲渡制限の解除条件、その他株式割当契約の概要等）

3　払込金額の算定根拠およびその具体的内容

・払込金額が割当予定先に特に有利でないことに係る適法性に関する監査役、監査等委員会または監査委員会が表明する意見等（ただし、①株主総会において会社法に基づく特別決議を経る場合、または、②決議の直前日の価額、決議日の1か月、3か月、6か月の平均の価額からのディスカウント率を勘案して会社法上の有利発行に該当しないことが明らかな場合であって、かつ、①または②であることの記載がある場合は不要）

4　その他、投資者が会社情報を適切に理解・判断するために必要な事項

（東京証券取引所上場部編「会社情報適時開示ガイドブック（2024年４月版）」85頁より一部修正）

Q53　報酬における開示戦略のポイント

Q 上場企業で株式報酬を導入する場合、情報開示に当たって気を付けることはどのようなことでしょうか。

A 法令や東京証券取引所が定める「コーポレート・ガバナンスに関する報告書記載要領」などに準拠することは当然として、これ以上に投資家との適切な対話、関係性を構築する姿勢が重要です。報酬制度の設計や運用の開示に当たっては、それが自社の報酬戦略に沿ったものであることを積極的に開示していく姿勢が望ましいといえます。

まず、当然のことながら法令に準拠することが重要です。

たとえば、会社法上、事業報告では、報酬等の額または算定方法に関する方針の決定の方法、内容の概要の記載が求められます（会社規121六）。また、代表取締役が一任されて個々の役員の報酬を決めるような場合には、権限が適切に行使されるようにするための措置を講じたか、講じた場合にあっては、その内容はどのようなものかの記載が求められます（会社規121六の三ニ）。その事業年度に係る業務執行取締役の個人別の報酬等の内容が、方針に沿うものであると取締役会が判断した理由の記載も求められます（会社規119、121）。

また、有価証券報告書等においても、業績連動報酬に係る指標、指標を選択した理由、業績連動報酬の額の決定方法および指標の目標および実績、業績連動報酬とそれ以外の報酬等の支払割合の決定方針があれば、その旨等の記載が義務付けられています（金商法24①、開示府令15、第三号様式・第二号様式記載上の注意（57））。

しかし、法令等の規定に照らして、この点の開示は必要ない、この程度の開示で足りる（これ以外の開示は不要）といった考えでは不十分です。

開示は投資家に理解してもらうために行うものであり、上記法令上の要請もその一角に過ぎません。

したがって、投資家との適切な対話、関係性を構築するために、自社の報酬戦略等を積極的に開示していく姿勢が望ましいといえ、そのためにはまずは自社でよく検討して開示案を作成した上、IRと株式報酬制度双方に明るい第三者の確認を経ることが有益です。

Q54　株式報酬とインサイダーの問題

Q 株式報酬を付与することについて、インサイダー規制が問題になるのでしょうか。

A 株式報酬の付与を、自己株式処分の方法によってする場合には、インサイダー規制が問題になります。

役職員に対して株式報酬として株式を付与する場合、その付与を自己株式処分の方法によって行う場合があります。

自己株式の処分はインサイダー規制の対象になる「売買等」（金商法166①）に該当するため、未公表の重要事実がないかなどインサイダー規制が問題となります。

「売買等」には有償の取引が含まれるところ、無償発行型のものについては、たしかに金銭の払込み自体はないものの、実質的には職務執行という給付の対価として付与を受けるため、無償発行型であっても「売買等」に当たるものと考えて対応するべきです。

なお、株式の付与が新株発行の方法である場合は、インサイダー規制の対象になりません。

また、ストック・オプションについても、その割当てはインサイダー規制の対象になりません。行使によって株式を得る行為もインサイダー規制の対象になりません（金商法166⑥二。当然ながら、その後行使によって取得した株式を第三者に処分する時点では、インサイダー規制の問題が生じ得ます）。

1　規制に違反した場合

インサイダー取引規制に違反した場合、まず刑事上は、５年以下の懲役もしくは500万円以下の罰金、またはこれを併科するものとされます（金商法197の２十三）。法人に関しても５億円以下の罰金が科せられます（金商法207①二）。

インサイダー取引で得た財産はすべて没収されます（金商法198の２①一・②）。没収は「利益」ではなく、「財産」にかかるものです。

民事上も、付与対象者や株主からの責任追及がなされる可能性があります。会社のレピュテーションを大きく損なうおそれもあります。

2　インサイダー違反とならないために

インサイダー違反とならないように、未公表の重要事実があると評価されるおそれがある間は、自己株式の処分ではなく新株発行の方法とするとよいかもしれません。

次に、自己株式の処分の方法によるとしても、付与対象者が未公表の重要事実を知っていれば、未公表の重要事実を知っている者同士の市場外取引（いわゆる「クロクロ取引」の方法）により、インサイダー取引の適用除外とすることを検討します(金商法166⑥七)。

Q55　逆インセンティブの問題（逆方向にインセンティブ付けする弊害）

Q 逆インセンティブの問題とはどのようなものでしょうか。

A 経営戦略の実行に向けてインセンティブ付けするために付与した株式報酬であるにもかかわらず、設計に問題があるために逆のインセンティブ、すなわち経営戦略達成のための方向とは真逆の方向にインセンティブ付けしてしまう問題です。

1　問題の所在

逆インセンティブの問題とは、経営戦略達成のための方向とは真逆の方向にインセンティブ付けしてしまう問題です。

例えば、毎年など定期的に株式報酬型ストック・オプションを付与するような報酬制度では、逆インセンティブの問題が生じる可能性があります。

つまり、株価が上昇した場合には株式やストック・オプションの価値が高まるため、役職員に付与される個数が減少します。逆に、株価が下落した場合には付与される個数が増加し、その後の権利行使時に株価が上昇していると、結果として株式報酬額が増大します。このように、付与時点の株価をあえて下げてようとする動機付けを生んでしまう状況が、逆インセンティブの問題として生じます。

また、パフォーマンス・シェアなどについても逆インセンティブの問題が生じる可能性があります。

パフォーマンス・シェアなどは、金銭報酬債権の付与から株式発行までに業績評価期間を設けるため、相当の時間的間隔が設けられます。この点で、例えば、金銭報酬債権を確定額で付与すると、業績評価期間終了時点で株価が低ければ多くの株式を取得でき、逆に株価が高くなれば株式の数は少なくなります。このように、業績評価期間終了時点をターゲットに株価を低価させようとするような動機付けを生んでしまう状況が、逆インセンティブの問題として生じます。

こうした逆インセンティブの問題は、投資家からネガティブに評価されます。反対票が投じられ、場合によっては議案が否決される場合もあり得ます。

2 問題を生じさせないために

逆インセンティブの問題を生じさせないようにするため、株式報酬型ストック・オプションについては、付与時点の評価額が不当に低い金額ではないことを担保するため、評価機関と連携して評価額を算出し、必要に応じて算出過程の開示を検討します。業績条件を付けることも重要です。

パフォーマンス・シェアなどについては、最終的な付与時点の株価に見合う金額の債権を報酬として付与するように設計します。不確定額報酬決議になるため、決議に当たっては、計算方法を明らかにすることが必要です。

Q56　権利実現後、大量退社の問題

Q　権利実現時に、多くの役職員が退社してしまうといったことが心配ですが、どうしたらよいでしょうか。

A　付与数を調整したり、ベスティング条項を設けたりするなどして、リテンション措置を検討します。ストック・オプションの場合には行使価格のバランスも考慮します。

多くの数を割り当て、ベスティング条項（Q75）を付けていない場合には権利実現時に一気に権利行使して退社してしまうリスクがあります。ストック・オプションの場合には行使価格が1円など低いとき、そのリスクが高まります。

ベスティング条項が直接的に効果のあるものですが、割当数を低くしたり、行使価格は時価以上の類型のストック・オプションを導入したりするなどの検討も意味があります。

Q57　受給者の納税資金の問題

Q 株式報酬など金銭以外の報酬を給付するに当たって、役職員の納税資金にはどのように配慮したらよいでしょうか。

A 役職員が受給した株式を売却しやすくする方法や、納税資金相当の金銭報酬をミックスして支給する方法などで対処することが望ましいといえます。

1　問題の所在

報酬を受領する場合、所定の時期に納税義務が生じます。

流動性の高い金銭報酬で受領する場合には、報酬額の中から納税すれば足りるため、納税義務の負担の問題は深刻にはなりません。一方、株式報酬など金銭報酬ほどには流動性が高いとはいえない報酬で受領する場合には、納税原資をどのように確保すべきかが問題になります。

株式報酬の大きさやそれぞれの役職員の資力によっては、納税の負担がとても大きくなります。これによって事実上インセンティブの効果が弱まったり、経営に集中できなかったりという事態が懸念されます。

2　納税資金を確保するための選択肢

株式報酬に関する納税資金の確保の方法として、まずは、受領した株式を売却して、そこから納税することが選択肢となります。

しかし、このとき障害となり得るのがインサイダー規制です。インサイダー規制によって、処分したいときに処分できなくなるおそれがあります。

この点では、いわゆる「知る前契約」を利用することが有効です(Q35)。

しかし、処分時期が固定されてしまう関係で、望ましくないタイミングでの処分とならざるを得ないリスクがあります。なお、報酬決定から発行までが短期間となる場合には、契約時に未公表の重要事実があることがあり、このとき「知る前契約」としての要件を満たさない場合もあります。

次に、株式報酬の付与と同時に、納税資金用として金銭報酬も付与することが選択肢となります。会社のキャッシュアウトは生じてしまうものの、権利者からすれば最も望ましい方法です。この方法によるときには、当該金銭報酬を損金計上するためにどのような法的性格を持たせて付与するか（具体的には賞与など）を検討して行います。

既に付与済みの株式報酬について、納税資金の負担が重く、なんら手当がされていない事態となってしまっている場合には、事後的に、株式報酬の受給時（課税時期）に合わせて、納税資金相当額を別途報酬として支給するための手続の可否を検討します。

Q58　報酬等の決定方針に違反する個別報酬の決定

Q　当社は上場会社であり、役員の報酬等の決定方針を定めています。しかし、過日支給した報酬が、決定方針に違反するのではないかと問題になりました。仮に違反していたとすると、どうなるのでしょうか。

A　報酬等の決定方針に反して取締役の個人別の報酬等を決定した場合、決定は違法・無効になります。

2021年3月より、上場会社等では、取締役の個人別の報酬等の内容を決定する方針の決定が義務付けられています（会社法361⑦）。

その具体的内容は、会社法施行規則98条の5の各号にて定められています。

あくまで方針であり、その内容はある程度包括的ですから、個別の報酬が方針に反することは通常の場合ありません。とはいえ、方針の定め方を極めて個別具体的なものとすることもできます。この場合には方針違反となる可能性もあり、その場合の報酬決定は、違法無効となります※23。

もしも違法無効な決定をしてしまうと、もちろんそれ自体問題ですが、個々の役員の報酬決定をやりなおすとして、それが期をまたぐ場合には税務上・会計上の問題も生じさせるため、こうしたことにならないようにそもそも方針として定める内容をよく吟味し、報

※23　竹林俊憲編著『一問一答 令和元年改正会社法』78頁（2020、商事法務）

酬設計が方針に沿うものであるように決定することが大切です。

Q59 取締役どうしが互いの報酬を知ることの問題

Q 当社は上場企業で監査等委員会設置会社ですが、これまで、代表取締役に一任して個々の役員の報酬を決めてきました。令和元年会社法改正によって、個々の役員の報酬額は取締役会で明らかにしないといけないのでしょうか。役員どうしのことを思うと、それぞれの報酬額は明らかにしない方が望ましいのですが。

A 必ずしも個々の報酬額を取締役会で明らかにすることは求められていません。

1 問題の所在

監査等委員会設置会社や上場企業の監査役会設置会社では、取締役の個人別の報酬等の内容が、会社の報酬方針に沿うものであると取締役会が判断した理由の開示が求められています（会社法361⑦、会社規121六ハ）。

これは、個人別の報酬等の内容の決定について取締役会が代表取締役に委任している場合も必要とされています。

そのため、取締役の個人別の報酬等の内容が、会社の報酬方針に沿うかどうかの判断のために、取締役会に取締役の個人別の報酬等の内容を開示しなければならないかという点が問題となります。報酬決定方針に沿うものかどうかは、個々の取締役の報酬額が明らかであってこそ判断できるものとして取締役会には明らかにしなければならないとも読むこともでき、一方取締役どうしの心情等を考慮すると必ずしも取締役どうしの報酬を明らかにするべきではないという事情もあり得るためです。

2 開示のあり方

この点について、取締役の個人別の報酬等の内容が決定方針に沿うものであるか否かの判断方法は、各社の取締役会において判断されることとなるとされており※24、必ずしも個々の報酬額を取締役会で明らかにすることは求められていません。

実際の開示例でも、個々の報酬額を取締役会で明らかにすることを前提にしていないものが多数存在します。

開示のあり方として、投資家からの評価と、個々の取締役どうしの心情の問題の双方に配慮しつつ、妥当な方法を検討することが重要です。

実務上は、報酬委員会を活用して行うことが多いよう思われます。

※24 法務省「会社法の改正に伴う法務省関係政令及び会社法施行規則等の改正に関する意見募集の結果について」34頁

Q60　仮装払込みの場合に民事責任を問われる場合

Q 引受人の資力が乏しいようです。そこでこれらの引受けの対価相当額を会社が支援してあげたいと思っています。これに問題はあるのでしょうか。

A 仮装払込みに当たらないか注意する必要があります。民事責任だけでなく、公正証書原本不実記載罪、特別背任罪、金融商品取引法上の刑事罰など刑事責任を負う可能性もあります。

払込みが仮装されたものである場合には、その払込金額の全額の支払義務を負います(会社法213の２①一、286の２①一)。ストック・オプションについては、行使の際の仮装も同様です（会社法286の２①二)。これに関与した取締役も、連帯して支払責任を負います(会社法213の３、286の３)。

払込みの仮装の典型は、預合いと見せ金です。「預合い」とは、会社設立の際に、発起人が払込取扱場所の金融機関と通謀し、金融機関から払込金額相当額の金銭を借り入れ、その借入金を預金に振り替えて払込みに充てるものの、この借入れを弁済するまでは払込金額の返済を要求しないことです（会社法965)。「見せ金」とは、払込金額相当額の金銭を借り入れ、その借入金を株式の払込みに充て、その後にそれを引き出して借入れの弁済に充てることをいいます（会社法52の２)。

ただし、払込みの仮装は預合いと見せ金に限られるものではありません。判例[※25]は、以下２つの要件をいずれも満たす場合に、払込みとして無効となる仮装払込みに該当するとしています。

①　払込金が実質的に会社の資金拠出によるものであること ②　払込金相当額が実質的に会社財産を増加させないこと

仮装した金銭の全額の支払いについて引き受けたものと関与した取締役が連帯して責任を負います。また、公正証書原本不実記載罪(刑法157①)、特別背任罪（会社法960)、金融商品取引法上の刑事罰(金商法158、197①五）など刑事責任を負う可能性もあります。

このため、引受人の資金不足だけを理由に、安易に会社が引受人に資金援助するべきではありません。仮装との疑いをかけられた時点で問題ですから、引受人が資金を自身で用意できない場合には、そうしたインセンティブ制度の利用は避けるべきであると考えます。

※25　最判平成17・12・13刑集59巻10号1938頁

Q61　不公正な払込金額の場合に民事責任を問われる場合

Q　ストック・オプションを発行しようと思いますが、１個当たりの評価をどのようにするべきか検討しています。なるべく低く評価して多くの個数を割り当てたいと思っていますが、問題はありますか。

A　評価が不適切である場合には、不公正な払込金額等に当たるとして、関係者が民事責任を負う場合があります。

インセンティブ付けのため、なるべく多くの個数を付与することを意図して、なんとかストック・オプション１個当たりの評価額を下げられないか検討する場合があります。

その評価が適切な範囲に収まっていればよいのですが、そうではない場合、その引受けが取締役と通じて行われたときは、当該払込金額と当該ストック・オプションの公正な価額との差額に相当する金額について、権利者が支払義務を負います（会社法285①二）。

出資が報酬債権など現物出資として行われる場合には、関与した取締役も不足額を当該権利者と連帯して支払う義務を負います（会社法286①・④、285①三）。

こうした懸念があるときには、まず不足額が生じていないことの事実と証拠を整理します。そしてもし不足額が生じているとの疑いを払しょくできない場合には、金銭債権を払込みに充てているなどの現物出資で、その価額が著しく不足することにつき権利者が善意でかつ重大な過失がないとき、ストック・オプション行使に係る意思表示を取り消すことで、紛争から離脱できます（会社法285②）。取締役の責任も無過失責任ではないので、注意を怠らなかったといえるだけの事実と証拠を整理しておきます。

インセンティブ付けのはずが、不足額支払責任の問題を生じさせることになっては本末転倒ですから、こうしたことにならないように、専門評価機関からの適切なレポートを取得して発行するなどして、不合理なまでに評価を下げることのないよう注意するべきです。

第 3 章

運用・管理段階の注意点

第1　価値の認識・解釈のトラブル

Q62　価値の誤解を巡るトラブル（「実質これくらいの価値である」と伝えることのリスク）

Q 当社では従業員にインセンティブを与えるためにストック・オプションを発行しているのですが、その価値がいま一つ伝わっておらず、インセンティブ付けとしての機能が不十分に感じています。正味、これくらいの価値ですよ、と伝えてインセンティブ付けしていきたいのですが、問題ないでしょうか。

A 正味の価値をどのように伝えるかによってリスクが生じ得ますので、この点に注意しながらインセンティブ付けしていくことが重要です。

1　問題の所在

例えばストック・オプションを例にとると、従業員の中には、自身が保有するストック・オプションの個数や権利行使条件、権利行使時の想定リターンなどを把握できていない者がいる場合もあります。

ほんの少しだけ割り当てているような場合には、なおさらその価値が伝わりにくくなります（最悪、関心すら払われなくなっている場合もあります）。

従業員の認識がこのような状態では、そもそもインセンティブ付けの観点からも問題であり、ストック・オプションの価値を正しく伝える必要がありますが、この伝え方を誤るとトラブルになります。

② トラブルの例

例えば、正味○○円くらいの価値のあるストック・オプションを割り当てるなどと約束してストック・オプションを割り当てたものの、その正味の金額についてそもそも発行会社側に誤解があった場合や、双方の認識に乖離があった場合等には、従業員から（従業員が考えるところの）不足分について補償・填補することを求められることがあります。

また、既に付与後においても、誤った伝え方をしたり、誤解を招く伝え方をしたりすると、それによって行使のタイミングを逸したなどとして、逸失利益の補償を求められるおそれもあります。

③ ストック・オプションの価値を伝える際の注意点

このため、そのストック・オプションの価値を伝える際には、その伝えるべき「価値」を正しく評価・計算することがまず大切です。ストック・オプション行使や株式売却によって金銭化する過程で生じ得る課税額は、従業員の所得の大きさや、株式の売却時期、株式売却時点における株価の状況等によって異なるため、一律に示すことはできません。あくまで、税引前であることを前提にして計算し、その前提で伝えていきます。

金額だけ伝えてしまうと税引後か不明確になり、紛争の懸念があるため、そのようなことは避けた方がよいでしょう。

Q63　行使条件の不明確性を原因とする行使の可否についての衝突

Q　過去に発行した株式報酬について、従業員から権利行使通知を受けたのですが、当社としては未だ権利行使条件を満たしていないと認識していました。行使条件の解釈を巡ってトラブルが生じている状況ですが、どうしたらよいのでしょうか。

A　行使条件の解釈について会社の解釈が正当であることを、株式報酬に関わった当事者（専門家を含みます）を交えて確認します。また、この解釈が正当であることを確認するため、議事録や説明資料等を確認します。その上で、クレームの原因となっている従業員の認識を確認します。過去に誤った（あるいは誤解を招く）説明をしていないかの確認と、その従業員の今後の勤労意欲への影響を考慮して対応を検討します。

1　行使条件の解釈を巡ってトラブルが生じる原因

ストック・オプションやパフォーマンス・シェア・ユニットなど、一定の権利行使条件を定めこれを満たす場合に権利行使できる内容の株式報酬では、権利行使条件の充足性を巡り、発行会社と付与対象者との間で認識に齟齬が生じる場合があります。

例えば、売上高がX億円を超えた場合といったような売上条件を行使条件として定める際に、それが単体か連結か、どの時点のどのような資料にあらわれる数値を基準にするかなどが明確になっていない場合です。売上高条件のような一般的な条件であれば、不明確になっている場合はあまりないと思われますが、特別な意図で盛り込む特殊な条件の場合には、こうしたトラブルが生じるおそれがあります。

こうした認識の不一致は、ときに深刻な問題を生じさせかねません。付与対象者からすれば多くの収入機会を得られないことになるため、解釈の合理性いかんでは会社に不信感を抱き、インセンティブ付けどころか離職すら招くおそれもあります。

2 トラブルへの対応基本方針

こうした様々な行使条件の解釈について会社の解釈が正当であることを、株式報酬に関わった当事者（専門家を含みます）を交えて確認します。その際には議事録や、社内向け説明資料、関連規程等も確認します。その上で、クレームの原因となっている権利者の認識を確認して、発行会社の解釈が正しいということを説明します。過去に誤った（あるいは誤解を招く）説明をしていないかの確認も重要です。

また、解釈の正当性や従業員が誤解した原因を作った責任の有無・程度にもよりますが、その従業員の今後の勤労意欲への影響も考慮して、対応を検討します。

3 既にトラブルが生じている場合の対応方針

既にトラブルになってしまっている場合には、例えば、会社の解釈を従業員に十分に伝えるなどこうした措置を尽くし、会社の解釈が正当といえる状況であれば毅然と対応します。

そうでない状況であれば、インセンティブに生じる弊害と権利実現を認めるリスクとを考慮して、権利実現を認めるリスクが小さければ従業員の主張に応じることを検討し、権利実現を認めるリスクが大きければ従業員の主張は拒絶します。

4 トラブルを防止するためには

そもそもこうしたトラブルを生じさせないように、行使条件は一義的に明確にし、特に特別な意図で盛り込む特殊な条件がある場合には、その意図するところを従業員に正しく伝えておくことが大切です。

これは、行使条件すなわちインセンティブ付けを従業員に明確に与えるという意味で、そもそもの株式報酬に期待される役割を発揮するという点でも重要なことです。

Q64　ユニットへの誤解

Q 当社は、事後交付型の譲渡制限付株式報酬（リストリクテッド・ストック・ユニット）を導入しています。いよいよユニットに対応する株式を交付する段階となりました。しかし、候補者から「もっと多くの株式が交付されるはずだ」「聞いていた話と違う」とクレームを受けています。どうしたらよいのでしょうか。

A クレームの原因となっている者の認識を確認し、ユニットの管理・運用の正しさを説明します。その際は過去に誤った（あるいは誤解を招く）説明をしていないかの確認と、その候補者の今後の勤労意欲への影響を考慮して、対応を検討します。

1　問題の所在

事後交付型のリストリクテッド・ストック・ユニットや、事後交付型のパフォーマンス・シェア・ユニットは、あらかじめ将来交付され得る株式数に対応する観念上の権利として一定のユニット数を交付するものです。

こうした事後交付型のリストリクテッド・ストック・ユニットや、事後交付型のパフォーマンス・シェア・ユニットにおける「ユニット」は、付与数の算定における基礎となる計算単位であり、重大なものです。

この点、発行会社でインセンティブ付けをより効果的にしようとの意図で、株式報酬規程における１ユニット当たりの株式交付の計算や権利実現の認定が複雑なものとなっている場合があります。例えばユニットの種類や基準が複数あり、「ユニット１個＝株式１株」と対応せず、調整計算が必要というような場合です。株式の発行であれば法定機関における議事録、割当契約書などオフィシャルな書面が残りますが、ユニットの配付は評価会議などの議事録に頼るしかなく、この議事録の残し方や管理が不十分だと、正しく事務局で管理されないおそれもあります。

こうした事情から、付与対象者となる従業員が保有するユニットに対応する権利、付与数について、付与対象者となる従業員と会社とで認識が食い違ってしまう場合があります。

２　トラブルとその予防

もし、会社が過去に誤った（あるいは誤解を招く）説明をしていた故にこうしたトラブルが生じた場合には、労務紛争に発展するおそれがあります。

そうしたケースではなく、会社の説明自体が正しいものだとしても、こうしたトラブルが生じてはその従業員の勤労意欲に良からぬ影響があります。

トラブルを生じさせないように管理を適切に行うことをはじめ、そのユニットの意義を候補者となる従業員に正しく伝えておくことが大切です。

第2　付与した報酬を没収・取り除くことの問題

Q65　取得条項の意義と有効性の問題

Q　ストック・オプションを発行したいと考えていますが、将来割当先から没収すべき事態に備えるには、どうしたらよいでしょうか。

A　強制取得事由を明確に定めます。法令上の手続に従って定めないと、取得事由が無効となるおそれがあり、注意が必要です。

例えば、株式交換・株式移転によって発行会社が他社の完全子会社となる場合など、会社にストック・オプションが残存しては困るといった事態があり、こうした事態が生じた場合に強制取得できる旨を定める例が多くあります（Q08)。これによって、割当先が同意しなくても一方的に会社はこのストック・オプションを取得することができます。

しかし、取得事由が不明確である場合には、はたして強制取得できるか、割当先と条項の解釈を巡って紛争になるおそれがあります(なお、「会社が認めたとき」といった包括的な定めも一律には無効とはなりません)。

また、取得事由を定めるに当たっては、ストック・オプションの発行の際に、権利内容として、その取得事由と取得の対価等を定めなければなりません。

万が一、強制取得すべき場面であるにもかかわらず、これを取得できないとなれば、M&Aや組織再編に支障が生じたり、インセンティブとしての機能を失うといった弊害が生じます。

強制取得について権利者ともめてしまう場合には、その権利者の行使可能性を検討の上、これがあり得る場合には取得事由該当性や有効性を検討します。裁判にも耐えられるような状況である場合には合意なく強行することも可能ですが、疑義がある場合には穏便に進めるため合意を取り付けるべく、少なくとも一定程度は交渉を行うべきです。

Q66　ストック・オプションを割当先から没収するためには

Q ストック・オプションを発行しましたが、割当先の一部に、ストック・オプションをこのまま保持させることは不適切だと考える者がいます。ストック・オプションの内容として取得条項の事由を色々と定めてあるのですが、確実に当てはまるような事情はありません。どうしたらよいでしょうか。

A そもそも行使条件を満たす可能性があるかを検討します。行使条件を満たす可能性が相当にあるということであれば、債権放棄をしてもらうための交渉を行います。

1　強制取得できる場合とそうでない場合

通常のストック・オプションは、将来の貢献を期待してバイネームで（割当先を具体的に指定して）割り当てます。そうなると、どうしても期待した貢献をしない者が現れることもあり、その程度がひどい場合にはストック・オプションを没収したいと考えるケースも出てきます。

ストック・オプションの内容として、取得事由が生じたことを条件に、会社がそのストック・オプションを強制的に取得できる旨を定めることができ、これを**取得条項付新株予約権**といいます。

これは強制取得であって、割当先の合意は不要です。

しかし、この取得条項の定めがない場合や、定めがあっても実際の事案に当てはまらない場合は、強制取得できません。

割当先は会社に対して新株予約権者としての債権者の立場にあり、会社は債務者の立場にあります。すなわち契約関係にあるため、取得条項の定めがない場合や、定めがあっても実際の事案に当てはまらず強制取得できないときには、割当先と交渉して債権放棄をしてもらう必要があります。

これは交渉ですから、割当先からは相当の対価を要求される場合があります。債権放棄させられなければ、その者が引き続き新株予約権者となり、ひいては株式を取得して株主になる可能性があります。債権放棄の交渉に当たっては、不当に高い金額を要求されるおそれもあります。

2　交渉の際の注意点

債権放棄のための交渉を行う場合には、そのストック・オプションの評価、将来行使条件を満たすかどうかの見通し、行使した場合の株式取得および株式売却にかかる課税分を差し引いた後の正味の金額はいくらになるかなどを正確に分析することが出発点となります。その上で、相手となる割当先と一定の共通理解を形成し、この共通理解をベースラインとして条件を交渉していきます。

また、そもそも債権放棄させる必要があるか、すなわち放っておいても行使条件未達・不能で消滅することにならないかの検討も必要です。行使条件は解釈の余地のある記載ぶりで発行されている場合もあり、この点は交渉の際にも有益な視点となります。

3 トラブル予防のために

こうしたことにならないように、取得条項として、強制取得すべき場面として予想される事態を具体的に網羅しておくべきです。

とはいえ、将来のことであり、必ずしも予測しきれないこともあるため、特定の事由を定めず、「取締役会が適当と認めた場合に本株予約権のすべてを取得することができる」という内容も定めておくべきです（ただし、この条項のみでは法的に不安定な側面があり、依存するべきではないので、具体的に取得事由を明記することはやはり重要です）。

また、将来の貢献を期待してバイネームで割り当てるのではなく、実際の貢献度合いを事後的に評価して割り当てるといった方法も、このような紛争予防には効果があるといえます。

Q67　狙い撃ち的なストック・オプション没収の問題

Q ストック･オプションを発行しましたが、割当先の一部に、ストック・オプションをこのまま保持させることは不適切だと考える者がいます。他の新株予約権者はそのままに、問題のあるこの者だけから没収しても問題はないのでしょうか。

A 通常は問題ありません。しかし、あまりに恣意的な決定方法で、一般的な法の正義・衡平の理念に反するような場合には、許されない可能性があります。

1　取得条項付新株予約権

ある取得事由が生じた場合に、ストック・オプションの一部を取得することとするときは､その旨および取得するストック･オプションの一部の決定の方法をあらかじめストック・オプションの内容として定めておくことで（会社法236①七ハ)、ストック・オプションのうちの一部のみを取得できるように定めることができ、これを**取得条項付新株予約権**といいます。

実際に取得するストック・オプションの一部の決定は、株主総会（取締役会設置会社においては取締役会）の決議か、ストック・オプションの内容として別に定めた方法があればその方法によることとなります（会社法274)。

第3章　運用・管理段階

2　狙い撃ち的なストック・オプションの没収でのトラブル

ストック・オプションは株式ではないため、株主平等原則のような平等取扱い要請は通常働きません。

しかし、あまりに恣意的な決定方法で、一般的な法の正義・衡平の理念（民法90）に反するような決定は無効と解すべきとの見解もあります※26。

取得条項の発動を争われるような場合には、裁判に発展する可能性があります。最終的に裁判で取得条項の発動が許されなかったと認定された場合には、会社は多額の賠償を余儀なくされるおそれがあります。また、新株予約権者が誰か（割当先か、会社か）が不明確なまま推移することで、会社の資本政策が不安定になるおそれがあります。

トラブルになってしまったら、裁判になった場合の見通しを明確に持ち、これをもとに相手（割当先）と交渉し、穏便な解決を図るべきです。とはいえ、穏便に解決できなければ最終的には裁判となります。その際には裁判にて決着させるとともに、交渉中も裁判になった場合を見据えて対応する必要があります。

また、放っておいても行使条件未達・不能で消滅することにならないかの検討も必要です。行使条件は解釈の余地のある記載ぶりで発行されている場合もあり、この点は交渉の際にも有益な視点となります。

※26　江頭憲治郎編『会社法コンメンタール　第6巻　新株予約権』〔江頭憲治郎〕30頁（2009、商事法務）

③ トラブル予防のために

そもそもこうしたトラブルが生じないように、特定の者を狙い撃ちしてストック・オプションを取得するような場合には、ストック・オプション発行・割当ての趣旨、ストック・オプションの設計内容、その者の問題性などを具体的に整理して、取得条項を発動することの正当性を支える事情を整理しておく必要があります。その上で適切な手続を踏んで、所定の機関で取得条項の発動の意思決定をします。

また、この点で、ストック・オプションを発行する段階で、ストック・オプション発行の趣旨を明確にし、割当先との契約でも割当ての趣旨を明確にするなど、狙い撃ち的に取得条項を発動することの正当性を支えるような設計をしておくことが望ましいといえます。

Q68 「取締役会が適当と認めた場合」を取得事由とすることの実効性

Q ストック・オプションを発行しましたが、割当先の一部に、ストック・オプションをこのまま保持させることは不適切だと考える者がいます。取得条項の内容として、特定の事由を定めず、「取締役会が適当と認めた場合に本ストック・オプションのすべてを取得することができる」として定めています。これを理由にして強制取得できるでしょうか。また、その際は無償で取得できるのでしょうか。

A 無償で強制取得できますが、不合理な狙い撃ちなど特段の事情がある場合には許されない可能性があります。

取得条項付新株予約権としてストック・オプションを発行する場合、株式会社が別に定める日が到来することを取得事由とすることができます（会社法236①七ロ）。これは、通常は特定の事由の発生を前提とし、その上で取得するか否かの選択の余地を会社に残すために用いられるものと思われますが、特に特定の事由を定めず、「取締役会が適当と認めた場合に本新株予約権のすべてを取得することができる」といった定め方をすることも一概に無効とはいえないものと考えられています※27。

しかし、場合によっては無効になる懸念があり、無効にならないとしても発動が許されない場合もあり得ます。

※27 江頭憲治郎編『会社法コンメンタール　第6巻　新株予約権』〔江頭憲治郎〕29頁（2009、商事法務）

取得の対価については、取得条項付新株予約権の取得の際に新株予約権者に対し何も交付しない旨を定めることも可能であり、通常は無償の取得とするものと思われます。

しかし、全新株予約権者のうち一部の者のみを狙い撃ちして取得条項のトリガーを行使する場合等には、無償取得の可否が争われるおそれがあります（Q67）。

Q69　ストック・オプションの消却と消滅の相違点、活用の注意点

Q ストック・オプションの消却と消滅は違うのでしょうか。それぞれの違いを特に意識していませんでしたが、使い分けるべきなのでしょうか。

A それぞれの意義は異なります。それぞれの意義や法的安定性、手続の負担を考慮して、いずれの方法によって手続を進めるか検討するべきです。

1　消却と消滅の意義

ストック・オプションの消却とは、発行会社が保有する自己新株予約権を取締役会の決議等を経て消滅させることを意味します（会社法276）。

これに対してストック・オプションの消滅とは、新株予約権を行使できなくなったときに、その新株予約権について会社の行為を要することなく消滅することを意味します（会社法287）。

手続上は、以下のような違いが生じます。

2　取締役会決議、通知等の手続の負担

消却の場合には、まずストック・オプションを取得する必要がありますが、取得条項付新株予約権の取得など取締役会決議（非取締役会設置会社では株主総会決議）や新株予約権者等への通知・公告などの手続を要し、その後自己新株予約権を消却するためにも（取締役会設置会社であれば）取締役会決議を要し、手続上の負担があります。

一方、消滅の場合には、会社の特段の行為（取締役会決議等）を要することなく、消滅することになります。

したがって、手続負担の点では、消滅させる方法の方が簡易な処理が可能といえます。

一方で、消滅の場合は、消滅事由の発生の有無に解釈の問題をはらみ、その消滅時期について不明確な場合もあります。この点から、登記実務や会計・税務処理等に注意が必要です。

3　登記すべきタイミングの制約

消却の場合は、消却が自己新株予約権に対して行うものであり、そのタイミングは会社が任意で決められるため、登記のタイミングも消却処理を決定する任意の日から２週間以内に行えば足ります。

一方、消滅の場合には、消滅のタイミングを必ずしも会社がコントロールできないものもあるため、登記のタイミングも会社の意思にかかわらずに定まる消滅日から２週間以内に登記しなければなりません。

しかし、行使条件を満たす可能性がなくなった場合など、消滅事由によってはその有無を適時適切に把握することは困難な場合があ

り、これを把握するに当たって随時確認を要すると会社にとっては煩雑でもあります。

そこで、登記解怠を回避するという点では、消却処理を選択することも選択肢になります。

4 手続の負担

多くの場合、ストック・オプションの割当先が退職した場合には、権利行使条件を満たすことができなくなるよう設計されます。

スタートアップでは従業員の入れ替わりが一般的に多く、その度に変更登記手続を行うことには、時間とコスト（新株予約権消滅の変更登記は登録免許税３万円が必要）がかかり、負担となってしまいます。

消滅処理としてしまうと、上記のとおり都度変更登記手続をしなければならなくなってしまいます。

一方、没収とすることにより、退職者のストック・オプションを自己新株予約権として保持しておき、一定のタイミングで一括して消却することで、手続負担を軽減できるメリットがあります。

5 消滅処理の注意点（解釈を巡る紛争のおそれなど）

取得条項を発動できず、新株予約権を処理するためには消滅処理に委ねなければならない場合もあります。

この点、消滅処理については注意点があります。

会社法上、新株予約権は、行使することができなくなった場合には消滅するものとされています（会社法287）。この「行使することができなくなった場合」については、「いずれの者との関係でも」

およそ行使される可能性がなくなった場合に限られると解されています。

払込期日までに全額の払込みがない場合は明確です。一方、解釈の問題を残す可能性がある場合もあります。例えばその新株予約権者が行使条件を満たさなくなっても、第三者に譲渡されれば行使される余地が残っている場合もあります。このようなときには消滅しません。

このように、消滅事由を巡っては解釈の問題をはらむ場合があります。

消却処理と消滅処理については以上のような相違点があるので、それぞれの意義や法的安定性を考慮して、いずれの方法によって手続を進めるか、そもそも発行段階でどのように設計するかを検討します。

消滅処理を進める可能性を考慮して、新株予約権の発行の際にはあらかじめ、消滅事由に解釈の問題が生じないように可能な限り明確化しておくことが望ましいといえます。例えば、新株予約権の割当てを受けた本人に限り行使できるとする行使条件を用いることで、第三者による行使可能性の問題を取り除くような設計です。

また、少なくとも新株予約権の権利行使を認めるべきでない場合に没収できるように、取得条項の定めを充実させ、会社が適当と認めたときなどの包括条項を定めておくことも対策となります。

Q70　リストリクテッド・ストックを会社の判断で無償取得できるか

Q　リストリクテッド・ストックの割当契約書中においても、「発行会社の取締役会の過半の決議により本割当株式の全部または一部を無償取得することができる」といったことを定めることができますか。

A　確定的な見解はないため注意が必要ですが、ストック・オプション同様、有効と整理されると思われます。ただし、不合理な狙い撃ちなど特段の事情がある場合には、許されない可能性があります。

ストック・オプションと同様、リストリクテッド・ストックにおいても、割当契約書にて、会社がその株式を強制的に取得することができる旨を定めることができます。通常は、以下のような内容です。

- 譲渡制限期間満了時点や組織再編の効力が発生する日を基準に譲渡制限が解除されていない株式がある場合
- 権利者が禁錮以上の刑に処せられた場合
- 権利者に破産手続開始、民事再生手続開始その他これらに類する手続開始の申立てがあった場合
- 権利者が差押え、仮差押え、仮処分、強制執行もしくは競売の申立てを受け、または公租公課の滞納処分を受けた場合
- 権利者が在籍条件を満たさない場合
- 権利者が会社と競業する業務に従事した場合
- 権利者が法令、会社の内部規程または契約に重要な点で違反した場合

① 広く包括的に取得できるよう定める場合

以上に加えて、「その他本株式の全部を甲が無償で取得することが相当であると取締役会が決定した場合」のように、特定の事由を定めず広く包括的に取得できるように定める場合もあります。

ストック・オプションの内容としても同様のものがありますが、これは一概に無効とはいえないものと考えられています（Q65、Q66）。趣旨は同様ですから、ストック・オプション同様リストリクテッド・ストックの場合においても、一概に無効とはいえないものと整理されると思われます。しかし、株式を付与する株式報酬では、この点はあまり議論されておらず、この解釈はストック・オプションのそれよりも不安定なものと思われます。

また、仮に一概に無効とはいえないとしても、ストック・オプション同様、場合によっては無効になる懸念があります。あるいは無効にならないとしても、条項の発動が許されない場合もあり得ます（Q67）。

取得の対価については、通常は無償の取得とするものと思われます。しかし、権利者のうち一部の者のみを狙い撃ちする場合等には、無償取得の可否が争われるおそれがあります。

② 取得の有効性等を争われる場合

取得の有効性や発動を争われるような場合には、裁判に発展する可能性があります。最終的に裁判で取得が許されなかったと認定された場合には、会社は多額の賠償を余儀なくされるおそれがあります。また、株主が誰か（割当先か、会社か）が不明確なまま推移することで、会社の資本政策が不安定になるおそれがあります。ストック・オプションのような潜在株式と異なり、まさに顕在化した株式の帰属にかかわる問題であるため、このような不安定による悪影響はストック・オプションに比してより大きなものとなるおそれがあります。

ストック・オプションと同様、強制取得条項を発動せずに放っておいても行使条件未達・不能で消滅することにならないかの検討も必要です。行使条件は解釈の余地のある記載ぶりで発行されている場合もあり、この点は交渉の際にも有益な視点となります。

3 トラブル対応

トラブルになった際には、裁判になった場合の見通しを明確に持ち、これをもとに相手と交渉し、穏便な解決を図るべきです。とはいえ、穏便に解決できなければ最終的には裁判となるため、その際には裁判にて決着させるとともに、交渉中も裁判になった場合を見据えて対応する必要があります。

第3　報酬の内容を変更することの問題

Q71　ストック・オプションの内容変更の可否と手続

Q　既に発行したストック・オプションについて、事後的に内容を変更したいのですが、可能でしょうか。可能な場合、どのような手続を踏めばよいのでしょうか。

A　可能です。権利内容の決定につき権限を有する機関にて、ストック・オプションの権利者から個別同意を取得した上で行うべきです。

ストック・オプションの内容変更は、会社法上禁止されておらず、一定の手続を経れば可能です。

ストック・オプションの内容変更手続としては、変更を決定するべき機関と、新株予約権者の同意の要否を検討する必要があります。

1　内容の変更を決定するべき機関

まず、ストック・オプションの内容の変更を決定するべき機関は、会社法に従い権利内容の決定につき権限を有する機関であり、原則として、公開会社の場合には取締役会決議（会社法240①、238②、309②六）、非公開会社の場合には株主総会の特別決議（会社法238②、309②六）を要します。

この点、株主総会が募集事項の決定を取締役会に「適法に委任」

して発行した場合（会社法239①）、その適法に委任された部分については、再度の委任を取り付けなくとも取締役会のみで変更できるかが論点となりますが、新たな総会決議による明示的な委任を取り付けて手続しておくべきと考えます。一度募集事項の決定を委任したからといって、当然に変更についても委任したとはいえないからです。

2　新株予約権者の同意

次に、原則として、新株予約権者の同意が必要とされます※28。

この点については、例外的に何らの不利益要素もない変更であれば同意は不要との見解もあります※29。しかし、これも同様に、何をもって不利益と判断されるかは不明確です。変更手続の時点では特段不利益といえないような変更でも、将来起こり得る様々な可能性を考慮すれば不利益になり得るような変更もあります。

同意は必要という前提で進める方が安全と考えます。

3　必要な手続を怠った場合のリスク

内容変更の手続や権利者の同意取得を怠った場合、変更手続が無効となったり、ストック・オプション行使によって株式を交付する行為が無効となったりするおそれがあります。

変更された内容や手続の瑕疵によっては、新株予約権者から損害賠償を請求されるおそれもあります。

※28　太田洋・山本憲光・柴田寛子編集代表『新株予約権ハンドブック　第４版』84頁（2018、商事法務）
※29　江頭憲治郎『株式会社法　第８版』821頁（2021、有斐閣）

こうしたトラブルを避けるために、上記のとおり、変更について正しい機関で手続することや、新株予約権者からの個別同意を取得することについて注意が必要です。

個別同意の取得に際しては、変更の趣旨や同意の真摯性について明確にするため書面を整えます。

これらを経ることができない場合には、その意思決定プロセスの合理性を確保するため、専門家の意見を聴取するなど十分な調査をして検討し、進めていきます。

Q72 リストリクテッド・ストック、パフォーマンス・シェアの内容の変更の可否と手続

Q 既に発行したリストリクテッド・ストックやパフォーマンス・シェアについて、事後的に内容を変更したいのですが、可能でしょうか。可能であれば、どのような手続を踏めばよいのでしょうか。

A 可能です。両者の合意で進められる場合もあれば、権利内容の決定につき権限を有する機関で決議し、さらに権利者から個別同意を取得した上で行うべき場合もあります。

いったんリストリクテッド・ストックやパフォーマンス・シェアを付与した後、その内容を変更することの可否や手続について、ストック・オプション同様に問題となることがあります。

ストック・オプションの場合、変更の対象になるものは、割当契約書の内容のほかにストック・オプションの内容そのもの（発行要項の内容）ですが（Q71）、リストリクテッド・ストックやパフォー

マンス・シェアの場合には、変更の対象となるのはその割当契約書の内容のみとなります。

この点、割当契約は要するに合意ですので、基本的には、両者の合意のみに基づき変更することが可能です。

しかしその変更が、株主総会により決議された報酬枠（会社法361①三・五イ）の範囲を超えるときや、有利発行（会社法199③）の可能性を生じさせるときなど、しかるべき機関によって決定された権利内容を実質的に変更させる場合には、会社法上の問題を生じさせますので、権利内容の決定につき権限を有する機関で決議し、さらに権利者から個別同意を取得した上で行うべきです。

第4　報酬の管理ミスを巡る問題

Q73　管理事務の煩雑さとミスの問題

Q　当社は、以前より複数回ストック・オプションを発行しています。事務局で管理していますが、権利者が多くなったり、行使されたりするようになってきて、管理が煩雑です。事務局からはミスを懸念する声もあがっています。どうしたらよいのでしょうか。

A　証券会社に管理を委託したり、市販のソフト、WEBサービスを利用して負担を抑えたりするといった対応が選択肢となりますが、それでも一次的には会社事務局に求められる業務もあります。会社外部にサポート体制を求めるなどして、迅速・適切に対応できる体制を用意しておくことが望ましいでしょう。

ストック・オプションをはじめとする株式報酬は、その管理事務が複雑・煩雑になることが多く、事務局で管理する場合にはミスのないように注意する必要があります。

管理事務が煩雑である理由は、概ね以下のとおりです。

- 行使・権利失効などにより随時残高が変わるため、その情報がリアルタイムに更新される必要がある。
- 行使期間の始期を越えて以降は、（行使条件の状況にもよるものの）いつどのように権利行使されるかわからず、五月雨式にぱらぱらと権利行使の連絡が来ることがある。
- 税制適格ストック・オプションを発行している場合には、税法に則った正確な行使と行使請求書類作成が必要である。
- 権利者の権利行使が、行使条件を満たしているか、どの権利についてどれくらい行使しているか、入金はあるかなど、行使を認めてよいかを毎回確認して管理しなければならない。
- 権利者が権利行使するために、会社（の事務局）の対応が必要となる場合、この対応の遅れやミスによって権利者の権利行使に支障が生じないようにしなければならない。行使条件の確認や行使請求書の記載不備の確認等で、権利者へ連絡・差戻し作業が発生し得るため、迅速な対応が求められる。
- 行使手続が書面で行われる場合には、この書面中の情報をデータ上で管理する際に人的ミスが生じないようにしなければならない。
- 行使の都度、新株予約権原簿や株主名簿をバージョンアップしていかなければならない。
- 新株予約権の消却などの際には、変更登記もしなければならない。

従業員数が急増した場合や、複数回発行した場合、キーパーソンとして管理業務に従事していた従業員が退職した場合などに問題が生じやすくなります。

管理を誤ると、権利者との関係で紛争になる場合があります。

例えば、行使されるべきであった時期を逃したとして逸失利益の補償を求められたり、会社側の誤った管理によって不当に少なく株式が交付された、あるいは、適切な行使が認められなかったとして損害の賠償を求められたりすることも、可能性としてはあります。

発行状況、発行個数や未割当個数、行使状況などを即時適切に更新して管理できなければ、資本政策上も支障が生じます。

こうしたことにならないように、証券会社に管理を委託したり、市販のソフト、WEBサービスを利用して管理コストを抑えたりといった対応を行いますが、それでも一次的には会社事務局に求められる業務もあります。事務局の補助のために、会社外部に顧問弁護士などのサポート体制を求めるなどして、迅速・適切に対応できる体制を用意しておくことが望ましいところです。

第５　価値が減殺される場面の問題

Q74　クローバック条項・マルス条項を巡るトラブル

Q 株式報酬を出すに当たって、クローバック条項やマルス条項を取り決めた方がよいのでしょうか。また、これらの条項を巡ってトラブルにならないでしょうか。

A ガバナンスの観点からは、これらの条項があることは望ましく、投資家からの理解も得やすくなります。これらの条項を発動するに当たっては、不当な権利侵害とならないようによく要件を検討の上、発動前には事前によく協議して一定のコンセンサスを得た上で行います。

「**クローバック条項**」とは、一定の事由が生じた場合に、給付済みの報酬を返還させる条項を指します。

「**マルス条項**」とは、一定の事由が生じた場合に、給付済みのオプションやユニットを没収・無効にする条項を指します。

これらは、不祥事・巨額の損失が生じた場合のような役員責任を取るべき事態など、給付を保持させるべきでない状況に備えるものです。

1　ガバナンスの観点

こうした条項は、会社の成長と報酬との連動性を給付後にも及ぼそうとするものであって、少なくともガバナンスの観点からは望ましいものであるため、株主や投資家から評価されるものといえます。

2 一定のコンセンサスを得る

一方で、これらの条項を発動するということは、権利をはく奪することであり、その要件が備わっているか、備わっているとして権利をどの程度はく奪するかなど、発動の有無やその態様については慎重に考慮すべきです。

法的安定性を確保するため、クローバック条項・マルス条項の発動条件や態様の取決めは、取締役会決議や任意の報酬委員会の諮問を経るものなどとしておくことで、手続の正当性を確保しておくことも重要です。

Q75 ベスティング条項の注意点

Q ベスティング条項を設けたいと思っています。注意するべき点などはありますか。

A まず、そもそもの要否を検討します。取り入れる場合には、どのようなベスティングにするかについて、自社の業態や権利行使条件の定め方を踏まえて検討します。

1 ベスティング条項の意義とリスク

「ベスティング条項」は、権利行使可能数を時の経過とともに段階的に引き上げる条項を指します。

ベスティング条項を付けていなければ、付与対象者が権利行使条件を満たした時点ですべてこれを行使し、すぐに退職してしまうリスクがあります。業態や（ベスティング条項以外の）権利行使条件の定め方によっては、付与対象者には一定期間在籍していてもらうことを想定しているような場合もあると考えます。こうした場合には、ベスティング条項がないと真にインセンティブとしての効果を期待することができません。

一方、権利行使条件の判定基準時とベスティング期間とに相当の間隔があるときには、ベスティング条項があることで、その期間満了を待つためだけに在籍する者が現れやすくなるといったリスクがあります。あらゆる株式報酬に共通するリスクではありますが、これに対策するためには、クローバック条項やマルス条項を盛り込むことが考えられます（Q74）。

2 注 意 点

このように、ベスティング条項を付けるべきかどうか、ベスティング条項を付けるとして最適な設計はどのようなものかは、業態、設計すべき権利行使条件、クローバック条項やマルス条項など全体の設計にかかわるところであり、ベスティング条項の定め方も様々なバリエーションがあります。

Q76　M&A時のストック・オプションの処理

Q　当社は、M&Aにより他社に吸収合併されることとなりました。その際、交付済みのストック・オプションの内容に基づくとこれらストック・オプションは消滅することとなっています。しかし、これまでの権利者（従業員）の努力を考えれば、消滅とすることは避けたいと考えています。どういった方法がよいでしょうか。

A　代わりに新たな報酬を提供する、M&Aの対価の一部を交付する、（無償ではなく）有償取得する、（買収者の協力が得られる限りですが）買収者からのインセンティブを付与するといった方法があり得ます。

1　問題の所在

スタートアップがストック・オプションを発行しているとき、そのスタートアップのエグジットはIPOだけでなくM&Aである場合もあります。

M&Aをするにはいくつかの方法がありますが、他社への吸収合併の方法をもって行うときにはそのスタートアップ会社自体が消滅するため、ストック・オプションも消滅します（会社法750④）。また、M&Aの多くは株式譲渡の方法で行われますが、この場合には、会社自体は消滅しないものの、そのストック・オプションの内容としてM&A時に消滅するものと定められている場合もあり、こうした場合にもストック・オプションは消滅します。

しかし、エグジットにいたるまでの従業員の貢献や、エグジット後もその会社に残り続ける今後の従業員の就業意欲を考慮すると、消滅処理が適切であるとは必ずしもいえない場合があります。

2 消滅を避ける方法

そこで、こうした場合でも適正なインセンティブ効果を減殺させないように、代わりに新たな報酬を提供することも検討すべきといえます。M&A先の理解を得ることができる場合には、そのM&Aの対価（たとえば吸収合併先の会社のストック・オプションなど）を交付することも選択肢となります。かかる対応によって、M&A先（吸収合併であれば存続会社、株式譲渡であれば買主）との間でその対価について減額交渉を受ける場合もあり得ますが、それは今後のPMI（Post Merger Integration）をより良くしていくものであるなどしてM&A先の理解を得つつ交渉していくことも考えられます。その意味で、買収者の協力が得られる限りの方法ですが、買収者からのインセンティブを付与するといった方法も意味があります。

3 注意点

こうしたエグジットを見据え、あらかじめ、M&A時の取得条項の条件を（無償ではなく）有償としておくことも従業員のインセンティブの点では意義がありますが、その際にはこの有償取得事由が将来のエグジット時、M&A先との交渉で障害とならないように、適切な例外事由を定めておくことも必要であると考えます。

第6　役員の任務懈怠責任(善管注意義務違反)の問題

Q77　報酬額の決定について、善管注意義務違反を問われる場合

Q　私は代表取締役として、総会で決めた総額の範囲内で個々の役員の報酬を決めていますが、この報酬の決め方について責任を問われることはあるのでしょうか。

A　個々の役員の報酬の決定も業務執行の一つであり、これに善管注意義務違反があれば任務懈怠責任を問われ、株主代表訴訟が提起される場合もあります。

ユーシン事件（東京高判平成30・9・26資料版商事法務416号120頁、東京地判平成30・4・12資料版商事法務416号128頁）は、株主総会で報酬上限枠のみを定め、その範囲内で取締役会が代表取締役に一任して、代表取締役が決定した報酬の額が不合理であるとして、善管注意義務違反が争われた事案です。

同判決では、「本来、会社の取締役会ないしその構成員である取締役が果たすべき代表取締役の業務執行の監視監督の機能が働かない状況の下で、再一任を受けた代表取締役は自らの報酬額まで決めることになることを考慮すると、取締役会から各取締役の報酬額の決定を再一任された取締役は、具体的な報酬額を決定するに当たり、他の職務を遂行する場合と同様、善管注意義務（会社法330、民法644）および忠実義務（会社法355）を尽くす必要があり、これらの義務に違反して会社に損害を与えたときは損害賠償義務を負うと解

するのが相当である」として、具体的な報酬額の決定がその方法や内容いかんによっては、損害賠償義務を発生させるものとしました。

その上で、損害賠償義務が発生するような善管注意義務違反かどうかの判断について、具体的な報酬額の決定は、各取締役の業績をどのように評価し、どの程度の報酬を支給すると決定するかというきわめて専門的・技術的な判断を要し、会社の業績に少なからず影響を与える経営判断であるから、取締役会やそこから再一任を受けた代表取締役はそうした評価・決定をするにつき広い裁量を有するとして、いわゆる経営判断原則を採用した上で、基本的には、報酬決定に至る判断過程やその判断内容に明らかに不合理な点がある場合を除き、報酬決定を行ったことについて善管注意義務違反により責任を負うことはないとしました。

ユーシン事件判決は、結論として、義務違反を認めませんでした。しかし、手続の審査のみにとどまらず、報酬額を決定するまでの背景事情について個別具体的に詳細に事実認定をしていました。裁判所の認定や評価についても様々に異論があるところであり、各国において報酬がガバナンスの最も重要な論点として扱われ、その意義が国内でも再度注目されてより重視されるようになった昨今においては、今後同様の事案であっても同じ結論になるとは限りません。

善管注意義務違反を疑われるほどに会社価値を毀損しかねない報酬設定は控えるべきであって、設計段階でも注意するべきです。

将来の業績を予測して、その予測のもとで報酬額を決めるなどすると、もしもその予測した業績が達成されなかった場合には、報酬額の不当性が問題となります。

この点で、業績を事後評価して報酬を決定する仕組みにしておけば、こうした問題は生じません。

将来の業績をもとに報酬を決めるべき場面といえども、その予測に不安定さがあるような場合には、株主・投資家の信頼を損ねることのないよう、そもそも報酬支給の方法からよく検討しておくべきであると考えます。

Q78　報酬額決定権限をもたない役員が善管注意義務違反を問われる場合

Q　私は個々の取締役の報酬決定権限を持たない取締役ですが、この度代表取締役が、個々の役員の報酬の決め方に問題があるとして責任を問われています。私も責任を問われることはあるのでしょうか。

A　他の取締役も、一任された代表取締役による報酬額の決定につき監視義務を負い、それを怠れば善管注意義務違反となり、責任を問われ、株主代表訴訟が提起される場合もあります。

ユーシン事件（Q77）は、取締役会から一任を受けた代表取締役による報酬額の決定について、代表取締役自身に善管注意義務違反の余地があることを認めた裁判例ですが、これは同様に、他の取締役の責任が生じる余地があることを認めているものといえます。

監視義務違反とは、他の役員が不当な行為を行った場合に、こうした行為に及ばないよう監視すべき義務を怠ったことを指します（会社法362②二）。監視義務を怠ったかどうかの判断は、具体的な局面において、監視を実施すべき状況にあったかが問題になります。要するに、どこまで行動すべき義務があるかという問題と言い換えられます。会社や監査役に報告することは当然必要ですが、予防の観点からは、弁護士に相談することまで行うべきです。弁護士に相談して助言を得て行動すること自体が監視、監督義務を尽くしたことの積極的事実となり、実際の状況に応じた具体的助言を得ることで、問題解決のための方向性が明らかになります。

取締役会の構成員である取締役は、代表取締役に個々の役員の報酬額の決定を一任してしまって問題のない状況なのか、よく検討する必要があります。

代表権のない取締役であっても、善管注意義務違反が認定されるようなことがあれば会社に対して損害賠償責任を負うことにもなりますし、株主代表訴訟を提起されることもあります（Q77）。

個々の取締役としては、監督義務違反を問われないように、将来の予測に不安定さがあるような場合には、代表取締役に一任するのではなく、その決定プロセスを確認したり、報酬設計等について見直したりすることも有効です。

あるいは、一任するのだとしても、将来の予測に不安定さがあるような場合には、少なくとも独立性の強い任意の報酬委員会またはそれに準ずる組織を関与させ、報酬決定プロセスの客観性・透明性の確保に努めるべきです。

第７　株式報酬の譲渡・承継に関する問題

Q79　付与対象者が離婚した時の問題（財産分与を巡るガバナンスへの悪影響とキャッシュアウト）

Q　株式報酬を付与した従業員が離婚手続を進めており、離婚調停にて株式報酬の財産分与が問題となっているようです。最終的に、従業員の配偶者が当社の株式報酬を取得するようなこともあるのでしょうか。

A　ストック・オプションの場合は権利行使前、リストリクテッド・ストックやパフォーマンス・シェアの場合は、権利実現前であれば、配偶者が株式報酬そのものを取得することはありません。権利行使後や権利実現後の場合には、配偶者がその株式そのものを取得する可能性があります。

株式報酬の付与対象者が離婚した場合、その配偶者への財産分与として株式報酬の存在が問題となることがあります。

この点、離婚に伴う財産分与は、現物分与ではなく金銭清算の方法が取られることが通常ですから、株式報酬の価値を金銭評価した上で、金銭での支払いで決着することの方が多いと思われます。したがって、配偶者がその株式報酬そのものの分与を受けることは、この金銭清算が可能である限り、通常は生じません。

しかし、この金銭が不足する場合には問題となります。その場合は現物そのものを分与したり、財産の一部を処分して得た金額を分与したりしなければならない場合もあります。

このとき、株式報酬が権利行使前のストック・オプションだったり、権利実現前のリストリクテッド・ストックやパフォーマンス・シェアの場合は必ず譲渡制限（あるいは禁止）が付いていますから、会社の立場からすると、その株式報酬そのものが配偶者に分与されたり、第三者に処分されることは通常起こりません。

一方、権利実現後のリストリクテッド・ストックやパフォーマンス・シェアの場合は譲渡制限が解除されますから、こうしたときにはその株式そのものが配偶者に分与されたり、金銭による財産分与を行うために株式が第三者に売却されたりすることもあり得ます。その場合には、株式の規模にもよりますが、望ましくない第三者が株主になるなど、会社の支配権確保や円滑な運営に支障が生じる可能性があります。また、非公開会社の場合には、譲渡等承認請求が行われて、会社がこの株式を買い取ることを決定すれば、会社にキャッシュアウトが生じる可能性もあります（会社法136）。

こうした事態について望ましくないと会社が考える場合には、例えばこの従業員に金銭を貸し付け、これを財産分与の金銭清算の原資にさせることが考えられます。その際には株式報酬に質権を設定するなど、一定の担保措置を検討すべき場合もあると考えます。

また、あらかじめ割当契約の内容にて、権利行使後・権利実現後の株式についても離婚時の扱いについて取り決めておくなどして、事前に対策することも検討の余地があります。

コラム８　譲渡制限新株予約権と譲渡制限株式の買取義務・指定買取人指定等の義務

割当先が投下資本回収のために第三者に権利を譲渡することを希望する場合があります。

これにどこまで付き合う義務があるのか、問題となります。

株式の場合には、譲渡制限が付いていても、株主が第三者に譲渡することを希望し、これを会社が承認しないときには、会社が買い取る義務や指定買取人を指定する義務があります。

一方、新株予約権の場合には、これらの義務は生じません。

これは投下資本回収の必要性の違いによるものです※30。つまり、新株予約権の場合には、インセンティブプランとしてのストック・オプションに代表されるように、特定の者に付与して行使されるのでなければ無意味である場合が多く、会社に買取義務などを負わせるようでは、新株予約権の目的が達成できないためです。こうした新株予約権について第三者へ譲渡しようとして投下資本を回収する必要性は、株式の場合に比べて小さいと考えられています。

譲渡制限株式であるにもかかわらず、一切の投下資本回収を認めない態度は違法です。一方、譲渡制限新株予約権では買取義務がないため、当該割当先の希望への対応について会社側に義務はないというベースラインで検討します。

※30　江頭憲治郎『株式会社法　第８版』834頁（2021、有斐閣）、江頭憲治郎編『会社法コンメンタール　第６巻　新株予約権』〔川口恭弘〕195頁（2009、商事法務）

Q80　付与対象者死亡時の相続を巡る問題

Q 権利者が死亡してしまったのですが、株式報酬はどのように扱われるのでしょうか。あくまでインセンティブとして発行していたので、遺族に権利行使を認めることは考えていませんでした。

A 株式報酬の内容次第ですが、相続されないものと設計されているケースが多いと考えます。

ときには、株式報酬を付与していた従業員が亡くなってしまうこともあります。

民法上の原則として、新株予約権や株式は相続の対象になり、以後相続人が権利者となります。特に遺言書がなかったり、遺産分割が円滑に進まなかったりする場合などに顕著ですが、相続人が権利を共有するなどして会社に混乱が生じないか懸念すべき場合もあります。

しかし、ストック・オプションの場合には、権利行使条件として、その行使時まで従業員としての地位が必要というように定めるのが日本の実務では通常です（Q09）。一般的には、従業員の死亡により会社との間の労働契約は当然終了し、労働者たる地位が相続の対象となることはないと考えられているため（最判平成元・9・22集民157号645頁）、相続人はかかる権利行使条件を満たすことはできないと考えられます。

また、そもそも従業員が死亡することを無償取得事由や消滅事由として定めている場合もあります。リストリクテッド・ストックやパフォーマンス・シェアについても同様です。

したがって、こうしたストック・オプションの内容や株式報酬の割当契約書の内容を整備しておけば、株式報酬を相続の対象から除外することができ、混乱が生じることはなくなります。

逆に、株式報酬の財産としての面や遺族補償の面を考慮して死亡時に一定の権利実現を認めたいと会社が考える場合には、そのように株式報酬の内容を意識的に設計しなければなりません。

コラム９　譲渡制限と譲渡禁止の違い

譲渡制限株式を、一切の投下資本回収を禁止するものと誤解されている場合があります。

会社法上の譲渡制限株式は、一切の投下資本回収を禁止するものではありません。

第三者への譲渡を承認しない場合には、会社による買取りか、指定買取人の指定をしなければいけません（会社法140①・④）。

一切の譲渡を禁止するために、投資契約、株主間契約にて譲渡禁止を設ける場合があります。ただし、その契約の有効性については疑義が生じる場合もあります。

経営者株主や役員の株式で、一定期間のみの制限などその範囲が合理的に限定されていれば有効といえるでしょうが、その範囲の検討は微妙な問題です。

こうした措置はあくまで契約上の拘束力に過ぎないので、これに違反して株式等が処分されたとしても、法的には有効となります。そこで、事実上処分できないようにする仕組みの構築も検討しておきます。

なお、以上は株式に関する議論ですが、譲渡制限新株予約権については会社や指定買取人による買取義務はありません（コラム8（242頁）参照）。

また、新株予約権においても、その内容としての譲渡制限以外に、割当契約において譲渡禁止条項が設けられることも多く、税制適格ストック・オプションの発行に当たってはこのような条項を設けることが要件とされています（Q18）。

著者略歴

岩崎　隼人（いわさき　はやと）

弁護士。
都内渉外法律事務所入所後、平成30年岩崎総合法律事務所設立。

上場会社・スタートアップなどの企業法務全般に携わり、特に役職員報酬制度の設計やこれをとおしたガバナンス体制の整備に注力。
社外取締役等の役職を歴任。
また岩崎総合法律事務所“Legal Prime®”では、上場企業オーナーをはじめとする富裕層の資産や収入の課題をクリアにし、叶えたい人生や目標の実現に向けて法務サービスを提供している。
著書に『富裕層の法務 ファミリー・資産・事業・経営者報酬の知識と実務』。

岩崎総合法律事務所
https://law-iwasaki.jp/

株式報酬をめぐるトラブルの予防・解決の実務 Q&A
── ストック・オプション、リストリクテッド・ストック、パフォーマンス・シェア

令和６年６月１日　初版発行

検印省略

日本法令®

〒 101-0032
東京都千代田区岩本町１丁目２番 19 号
https://www.horei.co.jp/

著　者　岩　崎　隼　人
発行者　青　木　鉱　太
編集者　岩　倉　春　光
印刷所　丸 井 工 文 社
製本所　国　　宝　　社

（営　業）TEL　03-6858-6967　　Eメール　syuppan@horei.co.jp
（通　販）TEL　03-6858-6966　　Eメール　book.order@horei.co.jp
（編　集）FAX　03-6858-6957　　Eメール　tankoubon@horei.co.jp

（オンラインショップ）　https://www.horei.co.jp/iec/
（お 詫 び と 訂 正）　https://www.horei.co.jp/book/owabi.shtml
（書籍の追加情報）　https://www.horei.co.jp/book/osirasebook.shtml

※万一、本書の内容に誤記等が判明した場合には、上記「お詫びと訂正」に最新情報を掲載しております。ホームページに掲載されていない内容につきましては、FAX または E メールで編集までお問合せください。

ISBN 978-4-539-73013-3